U0906372

本书受到宁波市软科学项目“宁波打造‘一带一路’国际贸易中心助力‘港口经济圈’建设战略与支持政策研究”（2015A10047）、宁波市与中国社会科学院共建研究中心2015年度研究课题“企业异质性条件下宁波中小企业国际产业转移集群化的机理及路径优化研究”、浙江省自然科学基金青年基金项目“全球生产网络视角下浙江企业技术锁定形成机理研究”（LQ13G030015）以及浙江省哲学社会科学重点研究基地浙江万里学院临港现代服务业与创意文化研究中心的资助。

宁波建设『一带一路』区域性国际贸易中心城市研究

王敏杰 著

浙江大学出版社
ZHEJIANG UNIVERSITY PRESS

图书在版编目(CIP)数据

宁波建设“一带一路”区域性国际贸易中心城市研究 / 王敏杰著. —杭州：浙江大学出版社，2016.6
ISBN 978-7-308-16024-7

Ⅰ.①宁… Ⅱ.①王… Ⅲ.①国际贸易中心—城市建设—研究—宁波市 Ⅳ.①F752.855.3

中国版本图书馆CIP数据核字(2016)第151669号

宁波建设“一带一路”区域性国际贸易中心城市研究

王敏杰　著

责任编辑　杨利军
文字编辑　陈　翩
责任校对　沈巧华
封面设计　项梦怡
出版发行　浙江大学出版社
(杭州市天目山路148号　邮政编码310007)
(网址:http://www.zjupress.com)
排　　版　浙江时代出版服务有限公司
印　　刷　杭州日报报业集团盛元印务有限公司
开　　本　710mm×1000mm　1/16
印　　张　11.25
字　　数　190千
版 印 次　2016年6月第1版　2016年6月第1次印刷
书　　号　ISBN 978-7-308-16024-7
定　　价　38.00元

浙江大学出版社发行中心联系方式　(0571)88925591;http://zjdxcbs.tmall.com

前　言

新时期为适应经济全球化新趋势，推进更高水平的对外开放，我国提出“一带一路”战略，这是完善我国全方位开放体系的需要，是历史镜鉴与时代需求交汇的必然结果。深挖我国与“一带一路”沿线国家合作潜力，有助于提升新兴经济体和发展中国家在我国对外开放格局中的地位。同时统筹东中西，运用全国之力建设丝绸之路经济带，有利于我国深化和扩大对外开放，加快形成陆海统筹、东西互济的全方位对外开放新格局。宁波建设“一带一路”区域性国际贸易中心城市，推进“海向”“陆向”“内外兼修”，既是顺应国家“一带一路”战略的必然选择，也是宁波打造“港口经济圈”的题中应有之义。建设“一带一路”区域性国际贸易中心城市将成为宁波在国际贸易领域深化改革、扩大开放、完善配套设施的重要功能性载体，推动宁波成为一个资金、人才、商品、信息集聚的高地，形成面向东南亚，辐射内地，联通西亚、南亚和东欧的商品集散中心、经贸信息中心、金融中心和文化交流中心，对宁波打造“一带一路”枢纽城市、建设“港口经济圈”具有重大支撑作用。

国际贸易理论、产业区位理论等为国际贸易中心城市建设提供了理论依据和思想源泉。作为外向度较高的沿海城市，宁波既面临着在更高层次参与国际竞争的历史机遇，也面临着向外向型经济转型的巨大压力；既面临着国内经济稳定向好、内需释放的良好机遇，也受到国内经济格局进一步深化调整、区域环境变化所产生的虹吸效应和极化效应的影响。为延续优势、扭转劣势，宁波需要在更大范围、更广领域、更高层次上把开放型经济作为城市经济的主体形态。

宁波有基础、有条件、有优势、有潜力成为“一带一路”国际贸易发展的重要载体。第一,"丝路"历史渊源深厚。宁波与海上丝绸之路有着深厚的历史渊源。宁波历史悠久,是具有7000多年文明史的河姆渡文化的发祥地。宁波不但是与世界各国、各地区进行交通贸易的名港大埠,而且是开展国际文化交流的重要窗口。宁波是海洋文明的发源地之一,是海上丝绸之路的重要始发港之一。第二,区位优势得天独厚。以宁波港为节点,向内可连接沿海各港口,并通过江海联运、海铁联运,覆盖经济发达的长江流域,辐射广袤的中西部地区;对外面向东亚及整个环太平洋地区,是连接东南亚和日韩黄金航道的交通枢纽。第三,市场基础扎实。宁波市场基础非常扎实,是连接国内外"两种资源、两个市场"的重要节点,是我国参与国际贸易合作的重要门户。宁波与"一带一路"沿线国家在产业上有着天然的互补性。第四,体制机制优势突出。宁波经济外向度较高,以对外贸易、利用外资、对外经济合作为主要形式,呈现出多层次、宽领域、高速度的发展特点。

宁波与"一带一路"国家和地区经贸合作前景广阔,但也面临着诸多风险,因此必须结合"一带一路"各国特点进行具体而又有针对性的预判。"一带一路"辐射的国家范围较广,几乎包括了所有的亚洲国家和一半的欧洲国家以及部分非洲国家,这一辐射亚欧非的经贸活动必将推动世界经济增长。但"一带一路"沿线国家众多,社会背景各不相同,局部地区还面临着恐怖组织的威胁,且缺乏相互信任,资源整合和协同发展的能力有待考验。

宁波建设"一带一路"区域性国际贸易中心城市具备一定的有利条件,同时也面临诸多制度性瓶颈,必须进行改革创新,方能达成目标。宁波应该注重创新驱动、转型发展,提高市场开放程度,简化市场准入程序,吸引国内外贸易主体集聚;提高贸易便利化水平,促进贸易要素流通;加快建设以要素市场和消费服务市场为重点的现代市场体系,发挥市场在资源配置中的决定性作用以及流通对生产和消费的先导作用;加快营造国际一流水平的商贸发展环境。

目　　录

表目录

图 目 录

第一章　绪　　论

一、研究目的

在当前宁波打造"港口经济圈"，融入国家"一带一路"战略的新形势下，本研究基于贸易便利化理论和世界各国贸易便利化的实践经验，对宁波如何实现从区域性的贸易物流节点城市转变为区域性国际贸易中心城市的历史性跨越，进行系统性的分析论述；在对比当前世界各国主要区域性国际贸易中心城市形成条件和主要特征后，分析宁波建设"一带一路"区域性国际贸易中心城市的现实基础和比较优势；通过建立国际贸易引力模型计量分析宁波与"一带一路"国家和地区开展国际贸易的潜力，分析未来宁波需要重点关注的国家和地区以及产业，从而找出宁波建设"一带一路"国际贸易中心城市的基本路径，探索宁波建设"一带一路"区域性国际贸易中心城市的支持政策。

二、研究意义

新时期为适应经济全球化新趋势，推进更高水平的对外开放，我国提出"一带一路"战略，这是完善我国全方位开放体系的需要，是历史镜鉴与时代需求交汇的必然结果。"一带一路"建设对外可以加强我国与沿线国家的互联互通，对内可以辐射中部地区；在战略资源的获取、战略纵深的开拓，解决国内产能过剩问题以及争取全球贸易主导权等方面，"一带一路"建设也将发挥重要作用。深挖我国与"一带一路"沿线国家合作潜力，必将提升新兴经济体和发展中国家在我国对外开放格局中的地位；对沿线国家经济社会的有力带动，亦将有利于我国与相关国家形成良性互动、合作共赢的态势，为我国带来巨大的地缘政治利益。同时统筹东中西，运用全国之力建设丝绸之路经济带，有利于我国深化和扩大对外开放，加快形成陆海统筹、东西互济的全方位对外开放新格局。宁波建设“一带一路”区域性国际贸易中心城市，推进“海向”“陆向”“内外兼修”，既是顺应国家“一带一路”战略的必然选择，也是宁波打造“港口经济圈”的题中应有之义。具体而言，本书研究意义突出体现在以下三个方面。

首先，针对宁波区域性国际贸易中心城市建设展开研究，可以丰富国际贸易中心城市研究案例。目前有关国际贸易中心城市建设的案例研究，更多的是针对纽约、伦敦等全球性国际贸易中心城市，这对该领域研究框架的设定、理论体系的构建等都有积极的作用，对其他国际贸易中心城市的建设也有一定的借鉴意义。但随着全球经济一体化进程的加速，区域性的国际贸易中心城市正大量形成，它们与全球性国际贸易中心城市共同形成了全球贸易网络体系，而这些区域性国际贸易中心城市的发展急需理论的支撑。对这些城市展开案例研究，有助于更好地理解当前全球性国际贸易中心城市的发展机理和功能定位。

其次，从产品内贸易视角对产业区位理论进行解释，可以丰富国际贸易中心城市形成机制的研究视角。传统的国际贸易中心城市研究主要包括城市经济学、区域（空间）经济学、新经济地理学、新新贸易理论等。在借鉴已有相关理论的基础上，建立基于产品内贸易理论的国际产业区位模型，并以宁波为特定的研究对象分析产业及贸易要素集聚的条件，可以丰富国际贸易中心城市形成机制的研究视角。

最后，在全面分析宁波自身条件及发展环境的基础上，本书提出了宁波建设“一带一路”区域性国际贸易中心城市的对策和建议，可以为宁波融入“一带一路”国家战略、再创开放新优势提供决策参考，也可以为其他城市提供借鉴。自国家提出“一带一路”战略以来，包括宁波在内的国内众多城市就如何融入这一国家战略开展了大量的研究，并进行了大量的实践探索。分析城市自身发展条件，找准发展方向，是每个城市把握国家新一轮开放战略机遇的重中之重。

三、研究方法

1. 理论推演与实地调研相结合。本书根据国际贸易理论、产业集聚理论与新经济地理学、城市经济学等理论，运用归纳和演绎的方法对国际贸易中心形成的内在机理、影响途径等进行了的逻辑推演。运用实证研究的分析方法，调研了宁波外经贸管理部门以及贸易公司等，了解宁波建设“一带一路”区域性国际贸易中心的现实基础与面临的挑战。

2. 动态分析与静态分析相结合。一是建立国际贸易中心的综合评价指标体系，充分利用统计方法和各种度量指标对宁波建设区域性国际贸易中心的可行性进行科学论证。二是借鉴引力模型，分析中国与主要贸易伙伴之间的贸易互补性，进而展现宁波未来的发展趋势。

3. 历史研究和比较研究相结合。一方面，运用历史研究方法分析了纽约、伦敦、东京以及我国香港、上海建设国际贸易中心的主要经验；另一方面，就上海、天津等建设“一带一路”国际贸易中心的条件和举措与宁波进行对比，使宁波对建设“一带一路”区域性国际贸易中心有更加明确的定位。

四、相关概念界定

（一）国际贸易中心城市

目前学术界对国际贸易中心城市的概念并没有统一的描述。复旦发展研究院(1995)主编的《上海发展报告——跨世纪的上海经济》对国际贸易中心城市下过比较微观的定义：“国际贸易中心是国际市场的枢纽。国际市场的地理位置是很难进行明确划分的，因为市场是各种经济关系存在的空间，众多的经济关系在同一空间中发生，便形成了市场。但是，国际贸易中心的地理位置是明确的，因为经济行为不仅在那里频繁地发生，而且经济关系也集中在那里建立”，“所谓贸易中心，是指大量贸易关系的建立，大量贸易机会的存在，与贸易有关的各种服务都集中在同一个地方”。汪亮(2011)根据城市辐射能力及辐射范围等将国际贸易中心分为全球性中心和区域性中心两类。他通过回顾伦敦、纽约、东京、新加坡和香港等城市的发展历程，认为国际贸易中心一定是国家工业化高度发展和综合能力巨大提升的结果。王火灿(1995)根据市场大小、资源禀赋和相关生产能力将国际贸易中心分为加工贸易和转口贸易两大类型，并罗列了建设国际贸易中心城市的条件，包括地理和交通运输条件、通信设施、金融环境、市场营销以及法律法规等因素。

不同部门和不同人士基于自身的立场对国际贸易中心城市进行了不同角度的解释，一定程度上导致了这一概念的混乱，如国际贸易中心到底是指国际的贸易中心，还是指国际贸易的中心？前者是一个贸易辐射力和影响力的概念，包含外贸与内贸在内的所有贸易活动；而后者则是关于贸易性质或类型的概念，只针对外贸活动。从宁波的发展战略目标来看，宁波应当发展成为一个高度国际化的贸易中心城市。

关于"贸易"的内涵，目前学界也有各种不同的理解，归纳起来主要有三种：一是认为"贸易"主要指货物贸易及其相关的辅助活动；二是认为现代贸易活动应当是一个广泛的概念，不仅包含货物贸易，也应当包含服务贸易、技术贸易、产权贸易以及文化体育贸易等各种贸易活动；三是认为现代贸易活动在很大程度上是基于跨国公司在全球范围的资源配置，所以国际贸易中心首先应当成为资源配置中心。对于第三种理解，也有两种不同的解释。一种是将资源配置活动主要看作跨国公司内部的产业链整合，，从而产生了上游产业与下游产业之间、原材料供应地与加工地之间、加工地与销售地之间的贸易活动，于是成为国际贸易中心的关键就在于将这些跨国公司的资源配置中心集聚到区域中来。另一种则是指对大量订单分拨企业的吸纳与集聚。所谓订单分拨企业，主要是指能从资源配置型的跨国公司获取大量订单，但自身并不从事生产和加工业务的中介型企业。它们会将所获得的订单再分发到适当的地区进行加工或采购，从而也产生了大量的贸易活动。我国香港地区就集聚了大量订单分拨企业。对于所要建设的国际贸易中心。宁波必须对其内涵有一个明确的界定，否则就很难确定其发展目标、管理体系、推进政策等。基于宁波目前的现实条件，本书认为，宁波应该采用前述"贸易"的第一种理解，即不仅应当包含货物贸易，也应当包含服务贸易、技术贸易、产权贸易以及文化体育贸易等各种贸易活动。

（二）全球性国际贸易中心城市和区域性国际贸易中心城市

根据国际贸易中心城市的辐射力和吸纳力等综合影响力，国际学术界将其分为全球性国际贸易中心城市和区域性国际贸易中心城市两大类。目前，世界公认的全球性国际贸易中心城市代表有美国纽约、英国伦敦、日本东京等，而区域性的国际贸易中心城市代表有新加坡和我国香港等。

全球性国际贸易中心城市主要是指，某一发达国家为实现全球化战略而设置的辐射全球市场的本土辐射源城市。这些城市承担着一国实施资源全球化、市场国际化的全球性战略任务。在这些城市中，大量聚集着为本国利益服务的本土跨国公司，它们从事着在全球范围内配置资源和将商品销往各国市场等工作。作为基础产业的商贸产业，在这些城市中高效运行，带来了对配套服务业的大量需求，由此带动了配套服务业的繁荣发展。如金融业与商贸业的互动，大大加快了金融产品的推陈出新，使金融业成为商贸业与航运业的保障性产业。商贸业与配套服务业的互相作用，大大提升了这些城市的国际竞争力。配套服务业的不断完善与发展，不仅使这些城市成为本土跨国公司的孵化基地，也增强了这些城市在全球范围内的吸纳能力。大量来自他国的国际化公司为寻找商机而纷纷进入，又进一步促进了这些城市的国际化消费，同时也带动了相关产业的研发创新和快速发展。

区域性国际贸易中心城市一般是指，随着贸易活动在全球范围内的不断延伸，发达国家为实对某一区域市场进行广泛渗透，而选择这一区域中具有良好区位优势、较强辐射力和吸纳力的国家或地区，建立的区域级的前哨平台。发达国家通过这一平台，实现对这一区域中各国市场的渗透。

发达国家的跨国公司一般都在这些国家或地区中建立起区域总部，不仅如此，为了提高商贸效率，其本土服务业也往往抱团进入，在本国政府外交和经济政策的有力支持下，这些被开发出来的前哨平台逐渐形成贸易环境开放自由、服务配套完善、服务设施齐全的资源配置型和市场拓展型的庞大产业集群，并通过这一区域性国际贸易中心城市不断增强的商贸产业功能，对周边国家和整个区域的商贸活动甚至于产业结构，产生重大的影响力，实现为本国利益服务的目的。

（三）“一带一路”沿线国家

“一带一路”指丝绸之路经济带和21世纪海上丝绸之路，是中国为推动经济全球化深入发展而提出的区域经济合作新模式，是中国首倡、高层推动的跨地区经济合作倡议，是统筹国内国际两个大局的重大国家战略。2013年9月和10月，习近平主席出访中亚和东南亚国家期间相继提出建设丝绸之路经济带与21世纪海上丝绸之路。2013年11月，十八届三中全会上通过的《中共中央关于全面深化改革若干重大问题的决定》强调，要推进丝绸之路经济带、海上丝绸之路建设，形成全方位开放新格局。2013年12月，习近平在中央经济工作会议上指出：“推进丝绸之路经济带建设，抓紧制定战略规划，加强基础设施互联互通建设。建设21世纪海上丝绸之路，加强海上通道互联互通建设，拉紧相互利益纽带。2014年5月，习近平在亚信峰会上做主旨发言时指出：“中国将同各国一道，加快推进丝绸之路经济带和21世纪海上丝绸之路建设，尽早启动亚洲基础设施投资银行，更加深入参与区域合作进程，推动亚洲发展和安全相互促进、相得益彰。”2014年11月，习近平主席在加强互联互通伙伴关系对话会上发表题为《联通引领发展伙伴聚焦合作》的重要讲话，强调要以亚洲国家为重点方向，以经济走廊为依托，以交通基础设施为突破，以建设融资平台为抓手，以人文交流为纽带，加强“一带一路"务实合作,深化亚洲国家互联互通伙伴关系,共建发展和命运共同体。"一带一路"的战略构想进入务实合作、全面推进新阶段。在 2014 年 11 月 6 日习近平主持召开的中央财经领导小组第八次会议上,研究丝绸之路经济带和 21 世纪海上丝绸之路规划、发起建立亚洲基础设施投资银行和设立丝路基金成为主要议题,而亚洲基础设施投资银行的筹建、丝路基金的成立,标志着"一带一路"战略布局的正式落地,"一带一路"建设由此进入加速推进期。《推动共建丝绸之路经济带和 21 世纪海上丝绸之路的愿景与行动》指出:"一带一路"是促进共同发展、实现共同繁荣的合作共赢之路,是增进理解信任、加强全方位交流的和平友谊之路。

"一带一路"建设涉及东亚和太平洋地区、南亚、欧洲和中亚、中东与北非等区域,分列如下。

东亚与太平洋地区(13 个国家):中国、缅甸、柬埔寨、印度尼西亚、文莱、越南、菲律宾、马来西亚、老挝、泰国、新加坡、东帝汶、蒙古。

南亚(8 个国家):孟加拉国、巴基斯坦、尼泊尔、斯里兰卡、印度、阿富汗、马尔代夫、不丹。

欧洲和中亚(30 个国家):阿尔巴尼亚、亚美尼亚、白俄罗斯、捷克、克罗地亚、俄罗斯、黑山、斯洛文尼亚、土耳其、保加利亚、爱沙尼亚、拉脱维亚、匈牙利、哈萨克斯坦、吉尔吉斯斯坦、波兰、塔吉克斯坦、乌克兰、阿塞拜疆、格鲁吉亚、罗马尼亚、立陶宛、塞尔维亚、摩尔多瓦、马其顿、波黑、土库曼斯坦、斯洛伐克、乌兹别克斯坦、希腊。

中东与北非(15 个国家):阿拉伯联合酋长国、巴林、伊拉克、约旦、黎巴嫩、埃及、阿曼、巴勒斯坦、以色列、卡塔尔、沙特阿拉伯、叙利亚、伊朗、也门、科威特。

五、国内外研究现状

(一)"一带一路"相关研究

2013 年 9 月和 10 月,习近平总书记在出访中亚和东南亚国家期间,先后提出共建丝绸之路经济带和 21 世纪海上丝绸之路的重大倡议,力图构建一种不同于传统区域合作体系的新的经济发展模式。《推动共建丝绸之路经济带和 21 世纪海上丝绸之路的愿景与行动》指出:"'一带一路'是促进共同发展、实现共同繁荣的合作共赢之路,是增进理解信任、加强全方位交流的和平友谊之路。"李向阳(2013)将"一带一路"界定为:以运输通道为纽带,以互联互通为基础,以多元化合作机制为特征,以打造命运共同体为目标的新型区域合作机制。申现杰、肖金成(2014)从国际区域经济合作的新形势出发,分析了中国建设“一带一路”的重要战略意义。卢峰、李昕等(2015)认为,在全球经济增长重心和中国对外经贸增长重心同时向新兴经济体与广大发展中国家转移的背景下,共建“一带一路”有助于推动中国与沿线国家经济持续较快增长,同时也为全球经济可持续增长提供了新的解决思路和方案。更有国外学者称,“一带一路”战略下的亚洲基础设施投资银行(Asian Infrastructure Investment Bank,AIIB)是可与“二战”后布雷顿森林体系的出现相比较的历史性事件。孔庆峰、董虹蔚(2015)对“一带一路”沿线69个亚欧国家的贸易便利化水平进行了测算,通过拓展的引力模型,验证了贸易便利化对“一带一路”沿线国家之间贸易的促进作用大于区域经济组织、关税减免等的促进作用。

(二)国际贸易中心城市相关研究

1. 国际贸易中心城市的特征研究

国际上,关于国际贸易中心城市的讨论经常被囊括在“世界城市”“全球城市”的研究中。1965年美国威尔伯·汤普森(Wilbur Thompson)的《城市经济学导言》问世,标志着城市经济学在美国首先诞生。彼得·霍尔(Peter Hall)1966年提出“世界城市”(world city)理论,他将那些属于国内和国际的政治力量中心,国内和国际的贸易中心,银行、保险以及相关的金融服务中心,医疗、法律、高等教育以及科学技术应用等专业活动中心,以出版业和大众媒体为代表的信息聚集和扩散中心,奢侈品和大众商品的消费中心,艺术文化和娱乐以及与之相关的活动中心的城市称作“世界城市”。

弗里德曼(John Friedmann)于1986年提出的“世界城市假说”(world city hypothesis)则把世界城市体系看作新国际劳动分工在空间组织上的表现。

他认为,全球资本把某些关键城市作为空间组织的“基点”以及生产和销售的“节点”,这些关键城市即为“世界城市”;“世界城市”成长的推动力来源于少数快速成长的部门,例如公司总部、国际金融部门、全球运输及通信部门以及高层次的商业服务业(生产性服务业)。“世界城市”是国际资本的主要汇聚地,也是大量国内和国际移民的主要目的地。在对“世界城市”大量研究的基础上,美国学者丝奇雅·沙森(Saskia Sassen)在1991年出版的《全球城市:纽约、伦敦、东京》一书中提出了“全球城市”(global city)的概念。她对三个“世界城市”——纽约、伦敦、东京的进行了实证研究,并指出,跨国公司生产活动在全球范围内的分散化促成了其中心管理与控制的需要;而日趋复杂的中心管理工作必须得到各种专业服务的支撑,那些提供金融、信息服务以及其他专业服务的企业比较集中的大城市便成为跨国公司总部或地区总部的集聚地。同时,为了帮助跨国公司在全球范围内进行运营和管理,这些专业服务公司也必须在全球范围内建立起分支机构和服务网络。这就使得这些城市成为跨国公司和专业服务机构全球网络的主要节点,成为真正意义上的"全球城市"。弗里德曼和萨森的理论都是建立在新的国际劳动分工的基础上的,同样证明了在经济全球化的趋势下,全球经济活动向少数主要大城市集中。林汉川(1992)认为,国际大都市从层次上可以分为全球经济中心城市、区域经济中心城市和地区经济中心城市三种类型;从功能上可以分为综合性国际大都市和专业性国际大都市两种类型,前者一般在政治、经济、信息、科技、文化等领域都具有主导权;后者一般在某些领域具有主导权。蔡建明(2002)从政治经济环境、人口和人才、经济活力、控制力、能动性基础设施、生活环境质量和城市综合形象等六个方面,对世界不同地区的33个城市进行了分析和评价,将其分为综合性世界城市、世界城市、次世界城市和准世界城市。黄叶芳等(2007)借鉴世界城市研究小组对世界城市评价分类的方法,选择会计、广告、银行和法律服务四个生产性服务业的69家公司在城市中出现的数目作为划分依据,将研究对象按照国际化水平分成了三个层次,其研究还表明,东西欧、大洋洲、南美洲、亚洲和北美等地区的城市国际化水平较高,非洲地区的城市国际化水平最低。

2. 国际贸易中心城市的形成机理研究

国外学术界对国际大都市以及国际经济贸易中心的形成和发展的学术研究已有近200年的历史,最早可以追溯到德国传统的古典区位理论。约翰·海因希里·冯·杜能(Johann Heinrich von Thünen)于1826年完成了《孤立国同农业和国民经济的关系》一书,书中对地租和土地利用进行了分析;其对于孤立国(城市)的描述则成为城市经济学的发源。此后,经阿·韦伯尔弗雷德(Alfred Weber)、沃尔特·克里斯塔勒(Walter Christaller)、奥古斯特·勒施(August Losch)、沃尔特·艾萨德(Walter Isard)等人的发展,区位理论逐渐形成。

将区位理论与国际贸易密切联系起来的是经济学家贝蒂尔·奥林(Gotlard Bertil Ohlin),1933年出版的《地区间贸易和国际贸易》是他的代表作。在该书1966年的修订版中,奥林增加了一篇新的论文(《对当代国际贸易理论的看法》)作为附录并指出:"国际贸易理论是一个'多边市场理论',

其他多边市场理论，可以从价格差异理论和地租理论中看到。然而，尤其重要的是，国际贸易理论是接近于区位理论的。区位理论比国际贸易理论更为广泛，贸易理论的一大部分可以看作是区位理论的一小部分。”①

新贸易理论认为国际贸易的发生不一定必须依赖于国家间的要素禀赋差异，也可以源于规模经济，首次明确强调了经济活动的地理集聚对国际贸易的重要作用。这一理论的提出，使学界重新认识和理解了经济活动的空间集聚与国际贸易的关系，为新经济地理学的诞生奠定了基础，也为20世纪90年代以新经济地理学理论分析贸易对产业区位产生的影响提供了理论基础。藤田(Fujita，1988)的《空间集聚的垄断竞争模型：细分产品方法》(发表于《区域科学和城市经济学》)和克鲁格曼(1991)的《报酬递增和经济地理》(发表于《政治经济学杂志》)被视为新经济地理学研究的开山之作。新经济地理学试图构建起“空间经济”的理论体系，注重运用规范的模型，分析地理区位和运输成本与国际经济学之间的内在联系。克鲁格曼和藤田提出了一系列空间经济模型，试图模拟产业的集聚向心力和离心力的相互作用，寻找产业集聚持续发展和多重均衡实现及被打破的条件。商品贸易会在一定程度上替代要素贸易，并使各种生产要素得以有效组合，生产过程在空间集聚，最终形成产业集聚。虽然从总体上看，贸易自由化会使一个国家的工业布局在空间上显得更加分散，但是对某些工业而言，贸易自由化却可能带来空间集聚。因此，新经济地理学的分析表明，贸易可以导致内部经济地理的重新组织，它既在总体上促使制造业活动变得更加分散，同时又促使某些产业发生集聚。当一个产业为了适应贸易方式的变化而重新组织生产时，意味着贸易也许是通过深层的作用机制来改变一国经济的福利水平。自新贸易理论(new trade theory，NTT)和新经济地理学(new economic geography，NEG)诞生以后，经济学中的空间因素再次受到关注，国际贸易与经济活动地理集聚的关系也被广泛研究，这些研究具有一定的解释力。

梅里兹(Melitz，2003)首次将企业的异质性假设纳入垄断竞争模型中，开启了新新贸易理论研究，把国际贸易理论的发展推向了一个新的阶段。他在一般均衡的框架下运用动态分析方法扩展了克鲁格曼的垄断竞争模型，引入了企业异质性假设，即假设企业的生产效率存在一定差异，结果证明：由于需要承担更高的沉没成本，因而并不是所有企业都有能力进行出口

---

① 贝蒂尔·奥林．地区间贸易和国际贸易[M]．王继祖，等，译．北京：商务印书馆，1986：334-335.

贸易。以企业异质性为视角的新新贸易理论提出之后，中外学者大量的实证研究就此展开。经济学家们对这一模型进行了拓展和延伸，突破了传统贸易理论的一些局限性，将其发展为当前研究国际贸易和外商直接投资的主流理论。

Antonietti 和 Cainelli(2008)对意大利企业的研究发现，经济活动地理集聚的正外部性、多样化和专业化不但能够直接提高企业的生产效率，还能促进企业出口。Rodriguez－Pose 等(2013)利用印度尼西亚企业的相关数据，分析了地理因素对企业出口绩效的影响，发现“第一性质”(first nature)和“第二性质”(second nature)的地理特征(geographic characteristics)都会影响企业出口，集聚效应和出口溢出效应对该国企业的出口倾向和强度有显著影响，企业所在地区及相邻地区的环境也都会影响企业的出口决策。Freeman 等(2012)考察了区位因素对澳大利亚中小企业出口的影响，发现位于经济活动相对集中的大都市地区的企业在出口贸易上具有一定优势。Farole 和 Winkler(2013)对 76 个发展中国家约 35000 家制造业或服务业企业的研究发现，地区投资环境和集聚经济对发展中国家企业的贸易参与有重要影响。

3. 国际贸易中心城市的建设策略研究

随着我国改革开放的进一步推进，对外贸易的加速发展，有关国际贸易中心城市和支点城市建设的研究也开始不断涌现。高汝熹(1995)认为，上海成为国际贸易中心城市的关键是在上海形成一个有秩序合理、公平竞争的外贸市场。李邦军(1995)则强调了建立良好的外贸体制和运行机制的重要性。匡增杰(2011)详细分析了行业协会的协调功能、服务功能和保护功能对于外贸的促进作用，同时也指出了国内行业协会在发挥自身作用方面存在的诸多不足之处，认为国际贸易中心的建设离不开行业协会自律能力和国际市场营销能力的提高。陆昊(2007)认为，国际贸易中心城市建设的关键是发展服务业和服务贸易，以此来带动城市产业结构的不断升级，优化贸易环境，为企业提供更加优质便捷的服务。唐启国(2010)分析了国际金融危机带来的机遇，并由此提出了在金融危机背景下促进国际贸易中心城市建设的主要措施，包括加快基础设施建设、促进产业结构调整、加快国际贸易商品结构调整、加强国际贸易人才队伍建设、提高经管水平和营造良好的服务环境。孙浩(2012)通过对比上海和东京两个城市的国际货物贸易情况，认为建设国际贸易中心应着重提高货物流量的总体规模。姜良根、胡侠参(2011)提出应以贸易示范区作为国际贸易中心城市建设的切入点和核心功能区，促进高端服务贸易业务发展，完善贸易服务体系和环境建设。农晓丹(2010)建议，加快搭建商品流通平台、国际服务贸易平台和跨国公司聚集平台，以此作为国际贸易中心城市建设的重要载体。丁国杰(2011)认为，打造国际贸易中心城市，应以建设自由贸易区、实现免税购物、搭建综合商务平台和开展离岸贸易功能为突破口，逐渐在外汇管制和税收政策等方面深化改革。高耀松、张娟(2010)论证了现代内陆物流中心对于国际贸易中心城市的支持效应，并就如何拓展经济腹地进行了深入探索。张泓铭(2009)认为，发展国际贸易中心城市的关键是以商贸业作为动力，注重中高端商品交易和批发商品交易的发展。唐章红(2006)认为，国际贸易中心城市的建设离不开其经济腹地的密切配合，而中心城市与其辐射区域内不同城市的分工合作能够提升区域的整体竞争力。

4. 国际贸易中心城市的案例研究

国内关于国际贸易中心城市的案例研究指向上海。张娟(2009)梳理了明清以来上海的商贸发展历史，并站在上海建设“四个中心”的高度审视上海国际贸易中心的发展。沈玉良和高耀松(2008)从内容、主体和方式三个方面梳理了现代国际贸易中心的变化，从经济利益定位角度对上海国际贸易中心建设提出了建议。王火灿(1995)、严功翠(2006)、刘淑芸(2001)等从不同角度切入研究，但都提出了上海建成国际贸易中心的目标、原则与对策等。施蕾生(2005)论述了国际贸易中心与上海城市功能的关系。

继上海建设国际金融、航运“两个中心”获国务院原则批准之后，上海建设国际贸易中心的研究工作出现了一个高潮，王中美(2009)、姜永坤(2009)、孙小中(2005)等重点考察了国际贸易中心建设与国际金融中心、航运中心建设的关系。郁鸿胜(2009)强调上海建设国际贸易中心要与长三角联动发展。何骏(2009)、哈尔曼(2005)提到世博会的因素，阎蓓和宋韬(2009)从跨国公司全球采购的角度进行了探讨。张乱铭(2009)、朱连庆(2009)、孙元欣(2009)、沈开艳(2009)、黄强(2009)等众多专家学者从不同角度深化了上海国际贸易中心建设问题的研究。

周振华的《崛起中的世界城市：理论框架及中国模式研究》(上海人民出版社，2008)和沈玉良的《上海国际贸易中心建设研究》(上海人民出版社，2009)是关于上海国际贸易中心研究的重要著作。周振华在分析主流世界城市研究理论框架及其局限性的基础上，引入全球化城市等新的中间变量，重新解释了全球化与信息化背景下的世界城市体系变革，从世界城市网络的角度阐述了世界城市、“崛起中的世界城市”以及一般全球化城市之间的关系及其差异，并分析了世界城市的基本功能、"崛起中的世界城市"的功能演化趋向等。在此基础上，他针对发展中国家"崛起中的世界城市"的背景条件、发展基础、路径依赖等约束条件，引入全球产业链、产业集群、世界城市区域等新的理论元素，进行理论分析框架的新综合。周振华还提出了注重流量扩展导向的发展战略和以服务经济主导的产业基础，而国际贸易的内容包蕴其中。沈玉良的《上海国际贸易中心建设研究》较为系统地分析了世界贸易的基本格局和上海的特点及局限，并分不同的类型模式对香港、东京和爱尔兰进行了案例介绍。沈玉良从理论层面总体概述了基于发达国家(中心体系)和发展中国家(外围体系)的"中心—外围"理论，提出在"中心—外围"理论仍然适用并日趋强化的条件下，发展中国家要实现"突围"，必须充分利用发达国家的知识资源，通过形成企业内贸易机制，逐步打造具有竞争力的跨国公司。同时，他针对空间经济学的理论方法，提出利用发达国家跨国公司的技术扩散效应，形成产品反生命周期运作模式。在实践层面，沈玉良认为，不管是低附加值产品还是中高技术产品，国际贸易的主导权都由发达国家掌握，为此，上海应重点培育国际贸易主体。沈玉良认为国际贸易主体是包括上海在内的发展中国家中心城市在全球贸易体系中的竞争力所在。

(三)宁波建设国际贸易中心城市的探索性研究

自上海自贸区批准建设后，宁波也提出了开展自贸区建设的设想，学界也为此开展了一系列探索性的研究，比较典型的有以下几种观点。杨代新(2012)认为，"建设上海国际航运中心，打造亚太地区重要的国际门户，离不开江浙沪沿海城市的配合支撑，至少需要上海、宁波'双轮驱动'，这为宁波建立自由贸易园区创造了机遇"。戴东生(2014)提出，打造"一带一路"海陆联运枢纽是宁波的战略选择。宁波要依托港口优势，加快打造"港口经济圈"，向内连接沿海各港口，并通过江海联运、海铁联运，覆盖经济发达的长江流域，辐射广袤的中西部地区；对外通过连接东南亚和日韩黄金航道，辐射东亚及整个环太平洋地区，形成"一带一路"海陆联运枢纽。李宇(2014)指出，上海以综合保税区为载体推进建设自贸区的成功经验为宁波提供了范本和借鉴，宁波坚持推进贸易便利化的探索实践为宁波下一步建设自由贸易园区奠定了基础。王海龙等(2014)探索了宁波建设自由贸易区的金融支持框架。钟昌标(2014)指出，上海在国内率先争取到自由贸易园区试点，开启了新一轮开放促改革发展的航标。在此背景下，宁波不仅需要盯紧上海、学习上海，更需要结合宁波实际思考外贸发展新战略，推进以超比较优势为核心的梯形对外货物贸易新战略以及以比较优势变迁为背景的雁形对外服务贸易新战略。杨丹萍、许继琴(2014)探讨了宁波建设国际贸易中心城市中的贸易模式创新、经贸主体培育、配套服务业发展、经贸环境建设等问题，对宁波国际贸易中心建设做了比较全面的研究。

综上可知，国内外关于宁波国际贸易中心城市建设的研究主要来自三个角度：一是区域(空间)经济学特别是城市经济学角度；二是世界城市实证研究角度；三是对国内外典型国际贸易中心城市发展的案例研究。这三个方面的研究涉及经济、社会与组织、空间等众多领域，但是其关注的内容主要是全球城市或国际大都市的内涵及特征描述、形成机制、功能及作用、分类及体系等问题。由于国际贸易已成为全球城市的必备功能，对国际贸易及其相关问题的研究成为上述三方面所有研究几乎都会涉及的内容，但其议论又比较泛化。也有部分研究提出了宁波建设国际经济贸易中心城市的一些制度性的设想和安排。遗憾的是，这些安排和设想主要基于宁波自身发展基础而提出，并没有将宁波国际贸易中心城市建设的大局融入全国对外开放格局中。“一带一路”构想的提出，使得宁波外经贸的发展面临许多新的机遇和挑战，因此宁波既需要把握时机，更需要解决新的问题。总之，宁波建设“一带一路”区域性国际贸易中心城市的战略和路径，还需要研究者们进行更深入的思考，提出更具可行性的建议。

第二章 国际贸易中心城市形成机制

本章主要介绍国际贸易中心城市研究相关理论,包括产业集聚理论、新经济地理学理论、地缘经济学理论、产品业贸易理论,并简要分析了基于产品内贸易理论的产业区位决定模型。

第一节 国际贸易中心城市研究理论基础

一、产业集聚理论

(一)成本上升论

阿瑟·刘易斯(Arthr Lewis,1984)从劳动力供给角度分析了产业转移的动因。他认为发达国家人口自然增长率下降、非熟练劳动力不足使得劳动力成本趋于上升,劳动力成本上升又导致其劳动密集型产业比较优势逐步丧失,发达国家该类产业向发展中国家转移。可见,在阿瑟·刘易斯看来,劳动力成本上升是产业转移的根本原因。

(二)移入需求论

劳尔·普雷维什(Raul Prebisch,1990)从发展中国家工业化战略角度解释产业转移的动因。他叙述了基于"中心"(发达资本主义国家)和"外围"(发展中国家)之间经济关系的"中心—外围"理论。他认为,发展中国家出口的原材料和初级产品需求弹性低而发达国家工业制成品需求弹性高,致使发展中国家的贸易条件不断恶化,发展中国家出现巨额贸易逆差;为改变这种局面，发展中国家被迫实行进口替代战略，而正是进口替代战略为发达国家向发展中国家进行产业转移打开了大门。

（三）生命周期论

生命周期论以特定主体的生命周期为出发点来解释企业或产业的空间转移现象，主要包括区域生命周期理论、产品生命周期理论、企业生命周期理论和产业区位生命周期理论。这里介绍前三种。

1. 区域生命周期理论

汤普森（Thompson，1966）的区域生命周期理论认为，产业区就像有机生命体一样，有着年轻、成熟和老年阶段，各个阶段有其各自的特征。在区域工业的年轻期，区域市场不断扩张，生产要素集中，极化效应明显，产业进入循环累积过程；进入成熟期，区域内部工业相当发达，为寻求进一步发展，区域内产业开始向外扩张，从而开始进行产业转移；最终，由于原工业区域内部竞争加剧和技术进步，以及固定资本的高额折旧费，该区域不再是工业生产的理想区位，区内产业规模缩小，产业种类减少，区域进入老年期。

2. 产品生命周期理论

雷蒙德·弗农（Raymond Vernon，1966）认为，产品的生命和人一样，要经历一个开发、引进、成长、成熟、衰退的阶段，而在不同技术水平的国家，这个周期发生的时间和过程是不一样的，存在一个较大的差距和时差，这一时差导致了不同国家的技术差距，从而决定了国际贸易和国际投资的变化。产业转移是企业为了顺应这一产品生命周期的变化，规避产品生产的比较劣势而实施的生产区位空间移动，是产品生命周期特定阶段的产物。

3. 企业生命周期理论

企业生命周期理论认为，产业集聚与迁移是企业的诞生、扩张、收缩和关闭的生命周期演化的结果。不同发展阶段企业对其所在区位有不同的要求，随着企业生命周期的阶段性变化，其区位选择也会相应发生变化（Dumais，Ellison，Glaeser，2002）。产业转移是企业迁移的宏观表现，因此企业生命周期理论虽未直接研究产业转移问题，却从微观角度解释了产业空间布局变化和迁移的原因。

（四）梯度转移理论

梯度转移理论认为，区域经济的发展水平取决于其产业结构，尤其取决于其主导产业在产业生命周期中所处的阶段。如果某地主导产业部门由处于创新阶段的专业部门所构成，则说明该区域具有发展潜力，为高梯度区域。创新活动决定区域的梯度层次，而创新活动大多发生在高梯度区域。随着时间推移，生产活动逐渐从高梯度区域向低梯度转移，即随着城市系统扩展开来。20 世纪 80 年代初期，学界结合梯度转移理论对我国区域产业转移进行了解释，指出我国中、西部地区尽管自然资源丰富，但技术落后、资金匮乏，大部分地区处于中间技术地带，部分地区甚至处于传统技术地带，而东部沿海地区和部分中部地区则拥有先进的技术，因此发达地区的产业可以梯度转移到欠发达地区，从而缩小两地差距（夏禹农、冯文浚，1982；何钟秀，1983；周起业等，1989）。

（五）产业成长、演化论

从产业成长、演化的角度解释产业转移的观点有边际产业转移论、重合产业竞争论、产业成长论和产业演化的空间形态论。边际产业转移论认为，如果一国某些产业在本国已经或即将失去发展空间，既处于劣势地位，成为该国的边际产业，而该产业在另一些国家可能正处于优势地位或潜在的优势地位，这样一国就应从边际产业开始依次进行海外直接投资（小岛清，1991）。这一过程中的产业转移正是边际产业出于规避产业比较劣势，发挥其潜在比较优势而实施的产业的空间移动。

重合产业竞争论认为，发达国家产业转移的经济动因在于发展中国家产品技术构成相似而价值构成相异的重合产业的有力竞争，这种竞争使得发达国家的产业难以立足而转移到低成本的发展中国家（卢根鑫，1994）。

陈建军（2002）从产业成长的角度考察产业转移。他认为，产业转移是产业出于市场扩张、产业结构调整、经营资源边际效益最大化以及企业成长的需要而实施的空间运动。

（六）国际生产折中论

国际生产折中论最初用于解释企业跨国直接投资的动因（Dunning，1977）。实际上，企业跨国直接投资行为的宏观化就是产业的跨国转移。因此，该理论可以认为是从企业跨区域投资的角度考察产业转移问题，是产业转移的微观解释。其基本观点是，产业组织决定的所有权优势、交易成本决定的内部化优势和区域要素禀赋结构决定的区位优势是企业对外直接投资和跨国经营的主要原因。

（七）企业成长的空间扩张论

经济地理学中，企业空间扩张有四种模式：沃茨的市场区扩大模式（Watts，1980）、泰勒的组织变形及区域演化模式（Taylor，1975）、哈坎逊的全球扩张模式(Hakanson,1979)和迪肯的全球转移模式(Dicken,1986;Dicken,Lloyd,1990)。这四种模式各有侧重,其共同观点是:市场占领是企业从单一区位空间向多区位空间扩张的根本动因;企业扩张一般按照产品扩张(市场区位扩张)——销售部门空间扩张(销售区位扩张)——生产部门空间扩张(生产区位扩张)的顺序进行。应该说,四种模式都是从企业成长的微观角度解释扩张性产业转移,实际上都潜在地认为,产业转移是企业成长的空间表现。

(八)企业赢利空间界限论

史密斯(Smith,1971)的企业赢利空间界限理论从企业区位迁移的微观角度探讨了产业转移的动因。该理论认为,位于既定区位的企业有一个赢利的空间界限,该界限由企业的空间收入和空间成本所共同决定,处于赢利的空间界限之内则企业赢利,反之则亏损。随着外部环境和企业发展条件的变化,企业的空间收入和空间成本会发生变化,造成企业赢利空间的改变,企业的最优区位也相应发生变化。为了提高赢利水平和竞争力,企业将随之实施空间迁移。

(九)集成经济论

石奇(2004)用集成经济的原理解释了产业转移的微观机理。他认为,产业转移是企业实现市场集成的手段。所谓集成经济,是指企业通过市场重组和集成的方式对产业链中不同价值环节进行最优利用而实现的经济。从微观层面上看,产业转移服务于企业寻求集成经济的目的,所以,这一过程以产业中较少要求人力资本要素的生产职能转移、分销职能转移以及物流服务职能转移为主,并且总是从加工装配开始,经过资本、技术、管理经验等的积累,最终过渡到零部件和原材料的本地化生产并实现产业转移。因此,产业转移是企业在技术手段之外通过对市场的重组和集成获取经济效益的结果。

二、新经济地理学理论

第一次将产业集聚分析与国际贸易因素紧密联系的经济学家是克鲁格曼。在他看来,生产要素的初始分配状态对产业集聚的影响会因为贸易活动的存在而弱化,而贸易活动在一定程度上间接实现了生产要素的跨区域流动,并最终导致产品生产在某些地区集中。克鲁格曼用数学方法论证并揭示了产业集聚发生的机制,并通过数学模型证明了工业集聚最终将导致制造业中心区的形成,这在很大程度上弥补了马歇尔和韦伯产业集聚研究的不足。

以克鲁格曼为代表的新经济地理学主要运用微观经济学的一般均衡方

法，讨论和分析使经济活动集聚的向心力和使经济活动分散的离心力，这对更好地理解经济活动的地理结构和空间分布的形成过程有很大帮助。

(一)“中心—边缘”模型

克鲁格曼的“中心—外围”模型解释了外部条件原本相同的两个区域如何在收益递增、人口流动与运输成本交互作用下演变成完全不同的生产结构。该模型假设存在来自两个地区的两个部门，这两个部门分别是报酬递增、产品具差异性的制造业与报酬不变、产品同质的农业部门，两个地区的初始条件完全相同；同时假设两个部门间的劳动力不能互相流动，但部门内部可以实现跨地区流动。基于上述假设，克鲁格曼认为在贸易成本降低初期阶段，贸易成本降低对厂商生产区位选择基本不产生影响，劳动力在不同区域之间的流动对产业地理分布会产生影响；而当该成本下降到某一均衡点时，集聚力会发挥主动作用，劳动力和产业区位的转移现象会集中出现。

运用该模型可以很好预测经济地理模式的渐进过程：一国具有某种优势的特定区位，会对厂商产生一种吸引力，这种吸引力最终会促成特定行业在该地区的地理集中，而该地区集聚经济的迅速发展，则使该地区获得原本并不具备的地区垄断性竞争优势。

(二)产业集聚和贸易模型

在“中心—外围”模型中，要素流动在集聚的形成中有着非常重要的作用。现实生产活动中，包括劳动力在内的各种生产要素的流动往往受到各种因素的限制，尤其是当这些要素流动跨越国界时。产业集聚和贸易模型是从产业之间的关联、运输成本和要素的流动性这三个方面来探讨产业集聚和贸易之间的关系的。

产业的后向关联和前向关联是促进产业集聚和区域专业化发展的两种力量。新经济地理学认为，假设资源禀赋和技术不存在空间差异，产业的地理集中源于交通成本和规模经济的相互作用，这种相互作用创造了需求联系和成本联系。产业间的需求联系促进最终产品生产商和中间产品生产商接近其产品购买者，而成本联系促使最终产品和中间产品的消费者在空间上接近其供应商。新经济地理模型强调产业前向和后向联系、市场规模经济等，这些因素可能产生一种自我积累的集聚过程，推动某个产业的空间分布沿着一定路径发展，最终达到一种区位均衡状态。产业的均衡状态取决于产业最初的空间分布和产业特征等(Krugman，1991；Venables，1996)。Krugman 与 Venables 还发现产业的空间分布与交通成本密切相关，存在一种倒U型关系，交通成本将会导致最集中的产业空间分布。由于上下游垂直联系的产业具有空间上相互临近的激励，需求联系和成本联系的相互作用将推动产业的地理集聚。例如，由于需求联系，汽车零部件企业需要靠近汽车组装企业，而出于成本节约的考虑，汽车组装企业也希望接近零部件企业。一个地方组装企业越多，需求联系越强，就会吸引更多的零部件企业，从而强化了成本联系，降低了中间投入的成本。大量零部件企业的进入，反过来又降低了组装企业的边际成本，吸引更多组装企业。这样，需求联系和成本联系形成累积循环机制，促进了汽车产业的空间集聚（Krugman，Venables，1995；Venables，1996）。

就产业的后向关联而言，产业集中程度主要受一国在该产业商品上的支出或对该产业产品的整体需求规模的影响，这其中也包括对该产业中间投入商品的需求。如果这一需求较大，则这种需求形成的后向关联将有利于区域专业化；而就产业的前向关联而言，大规模的产业集聚必然降低这种中间产品的成本，受规模经济的影响，用这些中间产品生产出来的最终产品在市场上将获得竞争优势，反过来为中间商品生产商提供更广阔的市场。这些前向关联和后向关联效应并不能导致全球范围内人口向某个地区的集中，但随之形成的专业化生产过程，使产品的某个生产环节或某种产业集中到有限的几个国家。

运输成本也是影响全球性产业扩散的重要因素之一。Puga与Venables（1996）建立了一个模型，分析论证了运输成本与全球化和产业扩散二者之间的关系，认为在运输成本过高或过低的情况下，产业前后向联系形成的向心力要小于工资成本上升所形成的离心力，此时离心力占据主导地位，不利于产业集聚的形成和已有产业集聚的维持；而在运输成本适中的情况下，产业前后向联系形成的向心力最强，有利于产业集聚的维持。

（三）产业集聚的向心力与离心力

藤田（Fujita）等（1999）认为，产业集聚的形成和发展是向心力与离心力相互作用的结果。其中，外部规模经济效应等是产业集聚的重要向心力，集聚的外部不经济、高昂的土地租金等则形成产业集聚的离心力（见表2-1）。受路径依赖与自我预期等因素的影响，向心力与离心力相互作用的结果是形成“中心—外围”的空间结构并导致区域的不均衡发展。

表 2-1 影响产业地理集中和分散的因素

向心力	离心力
前向关联和后向关联	不可流动的生产要素
外部规模经济效应(知识溢出和外部经济)	高昂的土地租金和运输成本
产业地方化	拥挤成本和外部不经济

资料来源:Fujita M., Krugman P., Venables A. J. The Spatial Economy:Cities, Regions, and International Trade. Cambridge:The MIT Press, 1999.

1. 向心力

藤田(Fujita,2004)认为,集聚力包括第一自然(first nature,即自然条件)、第二自然(second nature,即内生的集聚力量)和触媒(catalyzers,历史环境、公共政策、突发事件等),市场需求、外部经济以及产业地方化影响经济集聚的向心力。

a. 市场需求。大规模的市场需求是实现企业规模经济的重要前提,因此市场需求规模成为多数企业选择投资集聚区的重要因素。同时由于规模经济带来的高额利润会吸引同类厂商在集聚区进一步集聚,该轮集聚所形成的需求关联又会成为企业新一轮集聚的诱因。

b. 外部经济。一般认为,外部经济主要表现在以下三个方面:一是集聚创造大量工作岗位的同时,会吸引大量的专业技术劳动者并降低招聘难度;二是市场规模的扩大增加了中间投入品及服务的规模效益;三是集聚区内大量信息的交换会推动技术的扩散。

c. 产业地方化。产业地方化优势会受累计循环的自我实现机制的影响而被锁定,因此也是产业集聚形成的一个重要原因。

2. 离心力

离心力也被称为分散力,影响因素包括要素价格(如土地价格、工资水平等)和拥挤成本(交通拥挤、空气污染)等。一般来说,随着集聚于某一区位的厂商数量的上升,会形成“市场挤出效应”“需求分散效应”以及“要素成本效应”,这些效应最终会导致产业集聚的分散化。市场挤出效应是指大量厂商在一地集聚之后,厂商之间的竞争会加剧,导致该地企业边际收益及利润水平下降,从而抑制集聚程度的进一步加深;需求分散效应主要指,随着集聚地边际收益及利润水平的下降,部分企业将外迁,其中部分消费者需求也会随着企业的外迁而从集聚地剥离出来;要素成本效应主要指的是厂商在某一地区集聚到一定规模以后,该地区的房价、交通等各种劳动力生活成本开始上升，工资水平也将随之上升，工资上涨形成的成本压力也会导致集聚地部分企业外迁。

3. 向心力与离心力的交互作用

这二者的作用力在集聚的不同发展阶段会发生改变。一般而言，如果经济集聚的向心力大于经济集聚的离心力，区域经济在空间上就会形成集聚发展的态势。这种空间集聚的态势在促成生产制造业与商业中心等快速发展的同时，也扩大了中心与从事农业、采掘业等外围区域之间的贫富差距。而当集群发展到一定阶段，经济集聚的离心力大于经济集聚的向心力，原有的经济集聚就会发生改变，在向其他区位扩散的同时进行新的集聚。这些新的集聚区受原经济集聚中心的辐射和推进，形成新的经济增长极，如此累积循环，逐步推动区域内其他地区的发展。

三、地缘经济学理论

美国华盛顿战略和国际问题研究中心的爱德华·卢特沃克(Edward Luttwak)较早对地缘经济开展了专门研究，他在1990年首创了"地缘经济"这一术语，为建立地缘经济学理论奠定了基础。此后，地缘经济学不断扩散，形成了以美国、意大利和俄罗斯为中心的多个各具特色的理论学派。

(一)美国学派

美国学派的代表人物有爱德华·卢特沃克、理查德·所罗门、麦肯利·肯维、亨利·诺、罗伯特·斯卡拉皮诺等。卢特沃克预言，地缘政治时代即将结束，地缘政治学必须让位于地缘经济学。在地缘经济时代，资本、市场渗透、产业和投资政策取代了军队、基地与驻军、战略核武器。美国面临的中心问题是如何建立地缘经济威势力量，过去靠武力获取的东西，现在必须靠发挥经济威力来保持。所罗门则强调，国家安全观念正从传统的军事实力均衡扩大到经济领域，贸易、金融和技术的流动变化等地缘经济内容是国家实力与影响的重要组成部分，将决定新时代的力量现实与政治。斯卡拉皮诺在东南亚次区域合作研究中提出了"自然的经济区"(natural economic territories)这一具有实体性地缘区域的概念。总体而言，美国的地缘经济学适应了两极格局结束后国际政治、经济新形势下对外扩张的需要，对美国的国家政策乃至世界局势产生了重要影响。但是，美国学派的思维逻辑并未脱离地缘政治学的框架，只不过是将冲突逻辑由外交与军事转向经济，并认为世界正在逐步发展成若干个相互竞争的经济集团，而美国则应谋求主导地位。

（二）意大利学派

意大利学派的主要代表人物有保罗·萨翁纳、卡尔罗·让、谢尔兆·菲奥热、弗尔切里·布鲁尼·罗查等人。不同于美国学派过度强调经济竞争与较量及其之上的国家战略问题，他们更注重国际竞争与合作，把地缘经济学理解为研究国际竞争与合作规律的科学，认为参加这种国际竞争的是国家经济行为体，所以地缘经济研究对现代国家改革具有重要的意义。不过，在意大利学派看来，地缘经济学的独立发展是以地缘政治研究为基础的，地缘经济学实际上是经济地缘政治学，政治和经济之间相互联系。

（三）俄罗斯学派

俄罗斯学派的总体特征是将地缘经济与国家战略相结合，并提出了两个代表性研究模式：阿·涅克列萨的全球地缘经济六角结构模式和Э.Г.科切托夫的国家地缘经济战略模式。前者提出以当代世界政治与经济的融合现象为基础的六角模型，并对国家进行了等级划分，描述了世界地缘经济秩序的关键布局，包括四个地理区域明确的地缘经济空间和两个地理区域不明确的地缘经济空间。科切托夫把地缘经济理解为在新的全球背景下提高国家竞争力的战略，指出地缘经济模型的核心内容是民族经济体系，即“以民族经济跨国化为基础的、世界体系中的经济特性总和”，其核心思想是寻求世界地缘经济和谐秩序模型的构建路径，并在这一模型基础上实现战略利益均衡。

地缘政治学是地缘经济学的直接理论来源。这是由于欧美学者在构建地缘经济理论时，基本沿袭或借鉴了地缘政治学分析框架。但其侧重点又有所不同：美国学派强调的是市场控制和经济争夺；俄罗斯学派注重的是国家战略目的；意大利学派则突出国际竞争与合作。西方主流观点认为地缘经济学不是一门独立学科，而是地缘政治学的新研究领域及分支流派；而地缘政治理论在探讨地缘经济问题时，又有所偏差，将地缘经济视为一种新影响因素，或是某种战略目标，或是战略手段，或是经济关系甚至跨国合作的组织形式。

四、产品内贸易理论

在过去的几十年中，伴随着全球经济的增长，国际贸易额也出现了飞跃式增长。传统的国际贸易理论已经无法充分解释这一现象。面对激烈的市场竞争，发达国家的一些生产商为了提高自己的竞争力，节约生产成本，将生产链中的不同生产环节进行垂直切分并将生产环节布置在不同国家和地区。这一现象的结果是，在经济合作与发展组织（OECD）的成员国家中，零部件贸易额占到了全部机械产品出口的 30%（Yeats，2001）。

产品内分工是一种特殊的产业经济国际化过程，其核心内涵是特定产品生产过程的不同工序或区段通过空间分离而形成跨区域或跨国性的生产链条或体系（Feenstra，1998；Gereffi，1999）。产品内分工也被称为“国际分散化生产”，生产的不同区段、不同环节分布于不同的地区并且由服务相连接（Jones，Kierzkowski，1990）。卢锋（2004）指出，在这种分工模式下，商品生产流程被分割成连续的、具有不同增值能力的若干个阶段，处于价值链高端的是研发、设计、核心部件生产等环节，而处于低端的则是原材料供应、加工组装以及简单部件生产等环节。产品内分工在全球范围内则表现为，各个国家只从事产品特定流程的生产，并获取该特定流程生产带来的增加值。也正因为如此，产品价值链的各个环节在全球范围内得以合理分布，产品生产成本得以大幅度降低，同时生产效率得以大幅度提高。

虽然国内外学者关于产品内分工方面的研究已有不少成果，但对产品内分工的概念尚没有定论，往往以外包、国际分散化生产、中间投入品贸易等来形容和分析相关现象。比较具有代表性的学者有琼斯（John）、克尔茨考斯基（Kierzkowski）、克鲁格曼、阿尔恩特（Arndt）等。琼斯和克尔茨考斯基（1990）用“零散化生产”（fragmented production）概念来形容“生产过程分离开来并散布到不同空间区位”的分工形态；克鲁格曼（1994）将产品内分工描述为“分割价值链”；阿尔恩特（1997）用全球外包（global sourcing）、海外外包（offshore sourcing）、转包（subcontracting）、产品内分工（intra-product specialization）等来描述涉及产品内分工的国际贸易现象；Feenstra（1998）把产品内分工称为“全球经济生产非一体化”（disintegration of production in the global economy）。不同学者对这些概念的规定也不同，例如 Balassa（1967）认为，只要生产环节中有至少两个阶段分布在两个国家以上并且实现了价值增值即为垂直专业化（vertical specialization）；Hummels 等（2001）认为，只有当进口到一国的中间产品经过了国内生产环节又重新出口时才能称之为垂直专业化。

综观学者对产品内分工的定义，其区别主要在于生产分割是否跨越国家边界、生产分割是否超出企业边界两个方面。从这些对产品内国际分工的描述来看，产品内分工本质上就是产业组织理论所讨论的垂直专业化。垂直即在产品生产过程中上下游之间的纵向关系，垂直专业化则指上下游企业进行分工与合作，各自在产品生产价值链的某个阶段进行专业化生产，具体又表现为合同制造(contract manufacturing)、定牌生产或贴牌生产(original equimpment manufacturer,OEM)、跨境外包(cross-boarder outsourcing)等。

这一基于垂直分工的新贸易模式对传统贸易理论提出了挑战。典型的南北产业由于产业内贸易的出现开始不断减少。对很多国家间的贸易来说,产业内贸易的增长是由于国际零部件贸易的增长(Ando,2006)。理论上讲,这样的垂直分工出现的原因,一方面是不同的生产要素密集度,也就是说劳动密集型的生产环节应该分布在劳动力禀赋丰裕、工资较低的国家和地区(奥林的要素禀赋论);另一方面,不同的生产环节也需要不同的劳动技能,一些国家和地区的劳动者适宜A区段的生产,而另一些国家和地区的劳动者可能适合于B区段的生产(李嘉图的比较优势理论)(Jones,Kierzkowski,2001)。这使国际分散化生产得以更深入地发展,即使一个国家专门生产某种最终产品,也并不意味着其在生产的每个区段上都具有比较优势。相反,它可能在产品价值链中的某个环节具有比较劣势。在这种情况下,不同国家间基于垂直分工的比较优势就产生了。由于要素价格差异而产生了产业内贸易,不同国家只在某个生产区段进行专业化生产(De Simone,2004)。

图2-1是一个简化的墨西哥组装厂运作情况。美国和墨西哥之间的跨境生产共享只是公司内分散化生产,美国总部和墨西哥组装厂之间进行了一系列的公司内交易。典型情况是公司总部将零部件运往墨西哥工厂,在那里进行组装,制成品运回美国总部。东亚的情况则更为复杂,其生产和销售网络既包括公司内交易也包括公司间的交易。

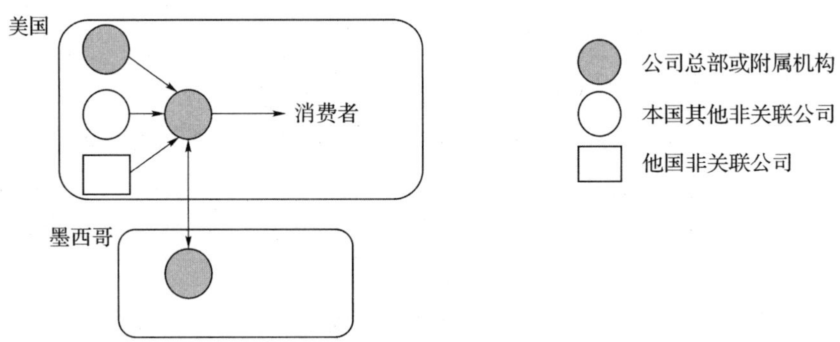

图2-1 美国跨国公司下属墨西哥组装厂的运作模式

资料来源:Mitsuyo Ando, Fukunari Kimuar. Fragmentation in East Asia: Further Evidence. ERIA Discussion Paper Series,2009(20).

一家公司什么时候选择分散化生产呢？第一，分散化生产必须能带来成本的持续降低。地理上的距离可能会带来生产条件的变化，特别是跨境的分散化生产可能会使公司拥有不同的区位优势，比如工人工资、经济基础设施、政治环境等方面。非一体化使得公司可以利用其伙伴的优势，公司的分散化生产或外包可以使整个生产系统更有效率。第二，联系每个生产区块的服务关联成本不能过高。跨境或跨组织的分散化生产必然增加服务联系成本，但是这些成本不能使总生产成本增加。

图 2-2 显示了分散化生产的两个维度。横轴表示地理距离，从原点开始，每一点都可以表示一个分离出来的生产区段与总部的地理距离。中间的虚线表示国境，它可以区分国内的分散化生产和跨境的分散化生产。纵轴表示组织（一体化或非一体化）活动。分散化生产既可以由公司内部完成，也可以由无关联的公司完成，虚线表示公司的组织边界，它可以区分公司间的分散化生产（外包），也可以表示公司内部的分散化生产。

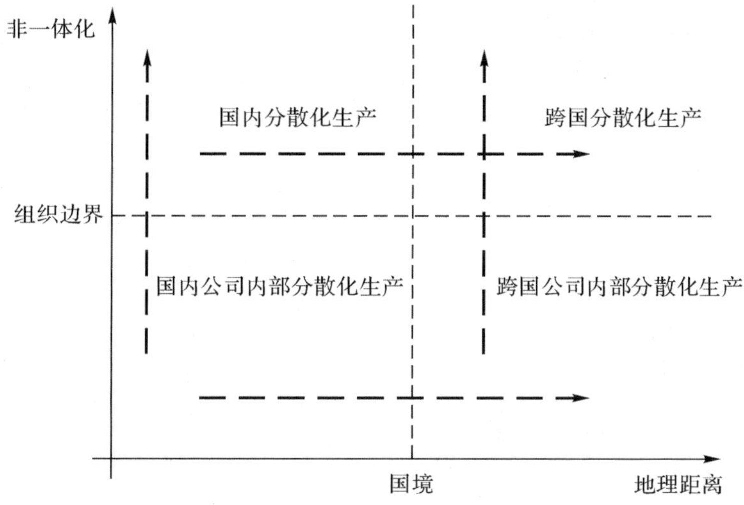

图 2-2 分散化生产的两个维度

资料来源：Mitsuyo Ando，Fukunari Kimuar. Fragmentation in East Asia：Further Evidence. ERIA Discussion Paper Series，2009(20).

第二节　基于产品内贸易理论的产业区位决定模型

一、模型建立

Overman 等(2003)认为产业区位分布情况可以观察某地某产业的产量占全球产量的份额，他定义了一个区位分布指数 l_i^j。

$$l_i^j = \frac{D_i^j}{\sum_j D_i^j} \tag{1}$$

公式中，D_i^j 表示国家 j 的 i 行业产量，$\sum_j D_i^j$ 表示全世界的 i 行业产量。

由于各国各行业的规模不同，应进行标准化，因此将分式的分子、分母同时除以国家 j 在全球总产量中所占比例，得到

$$S^j = \frac{\sum_j D_i^j}{\sum_j \sum_i D_i^j} \tag{2}$$

这样可以得到区位商

$$h_i^j = \frac{l_i^j}{S^j} \tag{3}$$

区位商可以用来衡量 i 行业在国家 j 的分布情况。

为简化起见，可以假设世界总产量 $\sum_j \sum_i D_i^j = 1$。这样国家 j 在全球产量中的比重可以简化为 $S^j = \sum_i D_i^j$，同样，i 行业在全球生产中所占比重可以表示为 $S_i = \sum_j D_i^j$。这样，公式(3) 可以简化为：

$$h_i^j = \frac{D_i^j}{S^j S_i} \tag{4}$$

等式(4)是下文理论和实证分析的基础。基于 Ulltveit-Moe 等(2000)的研究，以及 Choudhri 和 Hakura (2001)的研究，本章试图将李嘉图的贸易理论与新贸易理论、新经济地理学相结合，但在计量分析中我们将着重分析中间产品贸易的角色。

1. 需求方

假设 i 为国家 j 中垄断竞争行业的个数，根据 Dixit 和 Stiglitz(1977)的效用方程，我们可以定义单一行业每种产品的消费者需求。其暗含假设是，

消费者需求的总的产品品种数量也正是每种产品的投入，并且每种产品的替代弹性是一样的。国家 m 对国家 j 的 i 行业的产品需求为：

$$d_i^m = \frac{E_i^m (p_i^i B_i^{jm})^{-\sigma_i}}{\sum_{k \in J} n_i^k (p_i^k B_i^{km})^{1-\sigma_i}} = (p_i^i B_i^{jm})^{-\sigma_i} E_i^m (G_i^m)^{\sigma_i - 1}$$

对每个行业 i，G_i^m 为国家 m 的价格指数，E_i^m 为国家 m 对本国和进口商品的总消费，$p_i^i B_i^{jm}$ 为 m 国市场上 j 国生产的产品价格，此处 $B_i^{jm}(\geqslant 1)$ 代表冰山成本，即在 m 国和 j 国之间由于运输成本和贸易壁垒而导致的某产品的价格差异，n_i^j 是生产某产品的厂家数量，σ_i 是某行业产品间的替代弹性。

j 国各行业产量之和为：

$$D_i^j = \sum_m d_i^{jm} = n_i^j (p_i^j)^{-\sigma_i} \sum_m (B_i^{jm})^{-\sigma_i} E_i^m (G_i^m)^{\sigma_i - 1} \tag{6}$$

将(6)式带入(4)式，可以得到

$$h_i^j = \frac{D_i^j}{S^j S_i} = \frac{n_i^j}{S^j S_i} (p_i^j)^{-\sigma_i} \sum_m (B_i^{jm})^{-\sigma_i} E_i^m (G_i^m)^{\sigma_i - 1} \tag{7}$$

2. 供给方

Jones 和 Kierzkowski (2001)指出，国际分散化生产需要不同生产区段间的更紧密的联系。每一个参与到跨境生产的企业除了生产之外还需要管理其生产网络。所以每个生产某种产品的厂商需要投入固定的管理服务(网络活动)以及边际服务。规模收益不变的厂商生产函数如下：

$$q_i^j = \alpha_i^j F_i^{pj} \tag{8}$$

其中，q_i^j 为厂商产量，α_i^j 为技术系数，F_i^{pj} 为厂商生产要素投入。

F_i^{pj} 为初级产品投入 V_i^{pj} 以及中间产品投入 Z_i^{pj} 的复合函数，$F_i^{pj} \equiv \phi_i (V_i^{pj}, Z_i^{pj})$。其中，$\phi(\cdot)$是齐次函数，各国函数形式不同，因此，(6)式仅允许希克斯中性技术进步。

每种产品生产需要的总部服务(headquarter services)生产函数也需要初级产品投入 V_i^{hj} 以及中间产品投入 Z_i^{hj}，因此有 $\bar{F}^h \equiv \upsilon_i (V_i^{hj}, Z_i^{hj})$。

为简化起见，假设各国总部服务技术相同，但各行业不同，也就是各行业技术水平不同，其分散化程度也不同。但是总部服务与网络活动有关，是协调国际市场的活动，因此对不同经济体来说其发展也趋向一体化。

单位要素投入 $C_i^j = \chi_i (W^j, P_i^{zj})$，其中的 W^j 为初级产品要素投入的价格指数，P_i^{zj} 是中间产品投入的价格指数。单位成本 C_i^j / α_i^j 可以从(6)式中得到。厂商最大利润时的产品价格为厂商边际成本，有

$$P_i^j = \left(\frac{\sigma_i}{\sigma_i - 1}\right) \frac{C_i^j}{\alpha_i^j} \tag{9}$$

固定的管理成本为 $\bar{F}_i^h C_i^j$，厂商自由进入市场使得利润趋近 0，有

$$\frac{\bar{F}_i^h C_i^j}{q_i^j}+\frac{C_i^j}{\alpha_i^j}=P_i^j$$

通过(8)式和(9)式，厂商的固定要素投入可以转化为管理成本的复合函数。

$$F_i^{pj}=(\sigma_i-1)\bar{F}_i^h \tag{10}$$

这样我们可以得到某行业中的总的要素投入。对于一个行业来说，$F_i^j \equiv n_i^j(F_i^{pj}+\bar{F}_i^h)$，因此，$j$ 国 i 行业的企业数量为：

$$n_i^j=\frac{F_i^j}{\sigma_i \bar{F}_i^h} \tag{11}$$

该式反映了国家和行业规模对公司选址的影响。事实上，根据新贸易理论，固定成本和运输成本的存在将导致分散的产业向较大的国内市场集中，这种现象被称为本地市场效应(home market effect)。

最后，假设 A_i^j 代表 j 国 i 行业的全要素生产力(TFP)，$A_i^j=Q_i^j/F_i^j$，当 $Q_i^j \equiv n_i^j q_i^j$ 时，根据(8)式和(10)式，可以得出技术系数 α_i^j 与 TFP 之间的关系：

$$\alpha_i^j=A_i^j\ \frac{\sigma_i}{\sigma_i-1}$$

这样(9)式可以表示为：

$$P_i^j=\left(\frac{\sigma_i}{\sigma_i-1}\right)\frac{C_i^j}{\alpha_i^i}=\frac{C_i^j}{A_i^j} \tag{12}$$

最后将(11)与(12)带入(7)，可以得到：

$$h_i^j=\frac{1}{\sigma_i \bar{F}_i^h}\frac{F_i^j}{S^j S_i}\left(\frac{C_i^i}{A_i^j}\right)^{-\sigma_i}\left[\sum_m (B_i^{jm})^{-\sigma_i} E_i^m (G_i^m)^{-\sigma_i-1}\right] \tag{13}$$

除了行业系数 $1/\sigma_i \bar{F}_i^h$ 显示了一些行业固有的特征(如不同产品之间的替代弹性，由于网络活动产生的固定成本)外，公式(13)反映了传统贸易理论、新贸易理论以及新经济地理学中影响产业分布的因素，具体分析如下。

a. C_i^j/A_i^j 为要素成本与生产率之比，反映了 j 国的比较优势。C_i^j 既包含一国初级产品投入，也包括中间产品投入。

b. $F_i^j/S^j S_i$ 表示本地市场效应。由 j 国和 i 行业的相对规模(分别为 S^j 和 S_i)对 j 国部门就业量进行标准化(normalization)得到。Davis 和 Weinstein (1996;1999;2003)对标准化进行了详尽的阐释，他们证明只有在国家间存在异质需求(idiosyncratic demand)时，本地市场效应才能存在。所以对于一个特定行业而言，只有一国需求与其他国家需求不同时才能出现本地

市场效应。这意味着辨别某一产业中反映异质性需求而出现的多于一对一的产量时，必须将该产业中的基本产量减掉。Behrens 等(2005)指出，如此定义本地市场效应能够反映出市场规模效应，但是它忽略了其他两个关键效应，即在多国世界模型中，还存在轴心效应(吸引力)(hub effect〔accessibility〕)以及竞争效应(排斥力)(competition effect〔repulsion〕)。事实上，两种力量均衡的结果是吸引力和可获得性也许被激烈的市场竞争削弱。Behrens 等(2005)指出，一国消费需求的增长可能仅带来产量的小幅增长，因为其他国家可能会吸引走一些企业。因此，只有控制了国家在获得性方面的差别的本地市场效应，数据才能够利用。(13)式方括号中的需求变量可以代表这种进入国际市场能力的区别，其含义在下文 c 项中会做进一步的解释。

c. j 国 i 产业的市场潜力。如果没有贸易成本($B_i^{jm}=1$)，那么物价指数和市场潜力在所有地区的值都会相同，产量将仅由成本和规模决定。如果存在贸易成本，地理因素就会起作用。在新经济地理学理论和一些经验研究中，市场潜力被认为是影响产业分布的重要因素。

3. 全球化生产的作用

如何测算零部件贸易对产业活动集中的影响呢？测算进口中间产品的某行业在出口中的作用比直接测算更有意义。现在通过对 F_i^j 进行一定假定，可以更为准确地测算进口中间产品。

假设 j 国 i 行业生产采用柯布-道格拉斯(Cobb-Douglas)生产函数

$$\ln F_i^j = w_i \ln L_i^j + \sum_r \theta_i^{zr} \ln Z_i^r \tag{14}$$

式中，L_i^j 为劳动力投入，Z_i^{jr} 为 i 部门利用的 r 行业生产的中间投入品的和。w_i 和 θ_i^{zr} 为一单位 F_i^j 中使用的劳动力和其他中间产品的比例，它们的和为 1。

为简化起见，可将(14) 式写成：

$$\ln F_i^j \approx w_i \ln L_i^j + \theta_i \ln I_i^j \tag{15}$$

式中，$\ln I_i^j$ 为所有中间产品之和，而 θ_i 为均衡产量(equilibrium scale) 时期中间产品所占比例。

中间产品包括国内生产与进口两部分，因此可以得到：

$$\theta_i \ln I_i^j \approx \sum_r \theta_i^{zr} \ln Z_i^{jr} = \sum_r \theta_i^{zr} \ln Z_i^{jr} + \sum_r \sum_{m \neq j} \theta_i^{zr} \ln Z_i^{mr} \approx \theta_i^d \ln DI_i^j + \theta_i^m \ln MI_i^j \tag{16}$$

其中，国内生产中间产品的比例(θ_i^d) 与进口中间产品的比例(θ_i^m) 之和为 θ_i，这样可以将(16)式写成：

$$\ln F_i^j \approx z_i \ln N_i^j + \theta_i^m \ln MI_i^j \tag{17}$$

某部门投入的复合函数可以表示为初级产品和国内中间产品投入的和(即 $Z_i \ln N_i^j \approx w_i \ln L_i^j + \theta_i^d \ln DI_i^j$)再加上进口中间产品 MI_i^j。

N_i^j 表示部门规模，其大小取决于国内供应能力。进口中间产品 MI_i^j 也起到重要作用，它可以反映国家 j 卷入全球生产网络($\mathrm{IPN_S}$)的程度。

有观点认为国际分散化生产理论和 NEG 理论是替代性的。按照前者的说法，随着全球经济一体化的发展，生产会越来越分散；而按照后者的说法，新兴的集聚经济会使得特定地区出现产业集聚。这种认为经济过程要么集聚要么分散的观点，解释力显然不足。因为从发展中国家的情况就可以看出，当其融入国际市场时，一些进口中间产品将代替其国内产品，同时，在某些生产环节，专业化水平提高，从而将某些中间产品销售到国际市场中。这些都会使某些行业的产量增加。以往研究已经证明，集聚和分散是同时发生作用的，因此我们需要一个综合的分析框架。

区位商方程(13)现在可以根据式(17)进行重新组织，得到下式：

$$h_{it}^j = \beta_0 + \beta_1 NE_{it}^j + \beta_2 MIE_{it}^j + \beta_3 CA_{it}^j + \beta_4 MP_{it}^j + \varepsilon_{it}^j \tag{18}$$

其中，NE_{it}^j 反映了跨国生产对行业规模的影响；MIE_{it}^j 代表融入国际生产网络以及进口中间产品对产业选址活动的影响；CA_{it}^j 代表比较优势；MP_{it}^j 代表市场潜力；β_0 为行业固定效应(sectoral fixed effect)；ε_{it}^j 为添加了时间下标的误差调整项。

式(13)中复合因子 F_i^j/S^jS_i 以及式(18)中 NE_i^j 和 MIE_{it}^j 的关系需要进一步分析。如上所述，式(13)中标准化变量 F_i^j 代表本地市场效应。因此，如果该值为 1，则表示该国产品全部在本国生产；如果该值大于 1，说明存在异质性需求冲击，使生产出现了多于一对一的运动。要分析国内市场效应是否存在，除了要考虑对国内要素和中间产品的异质性需求，还要考虑国内市场进口中间产品的需求，也就是 $\beta_1 + \beta_2$。

从式(13)到式(18)，可以发现其系数的线性约束：$\beta_1 + \beta_2 = \beta_4 \approx 1$。它一定程度显示了产量对国内和国外需求变化的影响，这是在李嘉图和赫克歇尔-俄林模型(Heckscher-Ohlin model)中比较优势理论所预言的。如果本地市场效应和地理因素的影响存在，那么应该有 $\beta_1 + \beta_2 = \beta_4 > 1$。

比较优势系数也可以衡量行业 i 中各产品的替代弹性，即有 $\beta_3 = -\sigma_i$。因为在本模型中，市场结构是垄断竞争型的，利润为 0，每个企业规模不变，那么行业产业量的增加也就意味着企业数量的增加。因此，在替代弹性(elasticity of substitution)和规模弹性(elasticity of scale)之间存在负的一一对应关系。所以 β_3 的值可以观察规模经济的程度。

二、影响因素

国内需求的异质性、紧密的前向和后向关联以及对国外需求的快速反应都会促使企业选址。所以，假设这些系数都是正的。但是比较优势项是要素成本和生产率的比例，比较优势绝对值增长的原因既可能是成本的增长（生产要素密集度变化），也可能是生产率降低，或者两者共同起作用，所以该项的系数是负的。很难预先判断进口中间产品的系数（β_2），而事实上，如果进口中间产品替代了国内生产，即出现分散趋势，那么这个系数应该是负的，即分散化生产对国内该行业的影响是负的。相反，如果分散化生产使得国内生产专注于某个环节，并且增加了相关活动，那么这个系数应该是正的。

公式(13)的右侧既包括供应能力也包括市场能力。这些能力显示了国际生产网络和全球价值链切割的作用。事实上，作为全球生产网络的一部分，企业在供应层面会利用中间产品，并且会将中间产品出口到具有市场潜力的地区。

但是这种专业化生产是需要成本的，区位不同的企业需要协调和联系，因此运输、通信和保险成本相应产生了，所以需要在服务关联成本和生产成本之间进行权衡，一旦涉及跨境生产，只有当分散化生产带来的生产成本节约大于服务关联成本时，总的生产边际成本才会下降（Jones，Kierzkowski，1990）。

服务关联成本中，贸易壁垒显然是国际分散化生产的决定因素之一（Deardorff，2001）。关税降低或者减少带来的基于垂直分工的零部件贸易量要远远高于最终产品贸易量，因为前者可能涉及多次的过境交易。Yi（2003）证明，如果关税水平降低 1%，如果一个产品生产在不同国家经历 n 个生产阶段，其成本节约要远大于 1%，而产品如果仅在一国生产，很明显其成本节约仅为 1%。运输成本对零部件贸易的影响要比最终产品的影响大得多，因为生产环节在不同国家需要多次的运输（Golub 等，2007），而且应当注意的是，运输成本不仅取决于生产区位间的距离，还受到基础设施情况的影响（Bougheas 等，1999）。通信技术的发展也是服务关联成本之一。一般认为，国内不同生产区段间的联系成本要远低于国际上不同生产区段的联系成本，不仅是运输和关税，还包括其他服务成本，比如电话费和保险费。但是随着竞争加剧，这些服务的价格也降低了，这使得世界范围内分散化生产成为可能(Jones,Kierzkowski,1990)。Götz Zeddies(2011)运用欧盟国家间的面板数据,对国际分散化生产的影响因素进行了分析,发现行业特性以及通信和基础设施情况是影响外包活动和零部件贸易的最重要因素。

分散化生产通常也伴随着寻求国外潜在的贸易伙伴,企业一般倾向于寻求比较大的市场,因为这样的市场很可能会需要能生产相应部件并能提供相应服务的合作伙伴。除此以外,比较大的市场上的生产者较之较小市场上的生产者可能会要价更低(Grossman,Helpman,2005)。存在低的运输成本时,中间产品生产商的区域性集聚会产生网络的外部性,比如溢出效应、人力资本集中以及更接近研发机构等(Krugman,1991)。同时,厂商数量众多不仅可以提高外国企业寻求到合适的供应商和中间产品的机会,也增加了该国生产外包的可能性。所以,国际分散化生产以及零部件贸易会增加出口国、进口国企业的数量。

政治环境在国际分散化生产中也起着重要作用。政治的不稳定、政策的不确定、法律的不确定、汇率风险、不透明的贸易壁垒或者对产品的限制性措施、劳动市场规则等都会降低企业将其生产的某个环节分布于该国的意愿(Nicoletti 等,2003)。因此,制度以及一国法律系统与外包活动是相关的,尤其是国际直接投资(FDI)(Kaufmann 等,2000)。在制度经济学中,产权、运输成本以及代理理论都为这些假设提供了理论分析基础。比如说,不良的制度(如腐败)可能为国际分散化生产带来额外的成本(Wei,2000),尤其是因为有沉没成本的存在,一些企业都不愿意在政治环境不确定的市场中从事外包活动(尤其是 FDI),而政治环境不确定通常是由低的政府工作效率、政策变动、产权保护不力以及法律系统不完善导致的(Benassy-Quere 等,2005)。这也可以解释为什么国际分散化生产主要在那些政治制度完善的国家间进行。限制性的产品市场规则也可能影响一国参与国际分散化生产,因为这些措施会增加外包活动以及重新分布生产区位的成本(OECD,2003)。所以,零部件贸易在一些经济一体化区域的国家间更繁荣,这不仅是因为其国际贸易壁垒更少,也是因为与非成员国家的企业相比,与这些成员国的贸易伙伴合作更安全,遇到的限制性措施更少(Yeats,2001)。

要素价格差异也影响分散化生产。如前所述,由要素禀赋差异以及生产率差异导致的要素价格差异会引起垂直分工,然而,这种垂直分工只有在生产零部件的国家的要素价格足够便宜(能够抵消额外成本)时才会出现。同时,如果一家企业考虑将其某个生产环节放在国外,其潜在的合作伙伴还必须具有满足其特殊需求的能力。尽管企业可能利用不同国家间的要素价格差异，但是这种差异不能超过一定限度，因为这可能会要求在国外的生产网络中进行更多的投资。劳动力质量以及生产技术也可能会影响国际分散化生产(Grossman，Helpman，2005)。劳动者技能、劳动者受教育情况以及一国在这些方面克服潜在差异的意愿(比如在研发和教育方面进行投资)都是该国融入其他高工资国家的生产过程时首先要考虑的(Yeats，2001)。

国际贸易理论、产业区位理论等为当前开展区域性国际贸易中心城市建设提供了理论依据，也提供了思想源泉。加速对外开放，发展国际贸易将促进相关产业的集聚，并通过更深一层作用机制来改变一国经济的福利水平。因此，宁波建设区域性国际贸易中心城市将有力促进相关产业集聚，形成"港口经济圈"，助力宁波产业转型升级。同时应该看到，"一带一路"构想的提出，使得宁波外经贸的发展面临许多新的机遇和挑战，需要把握时机，更需要解决新的问题。

第三章　宁波建设“一带一路”区域性国际贸易中心城市的国内外形势

宁波作为外向度较高的沿海城市，在建设“一带一路”区域性国际贸易中心城市的过程中，既面临着在更高层次参与国际竞争的历史机遇，也面临着加快发展外向型经济的巨大压力；既面临着国内经济稳定向好、内需释放的良好机遇，也受到国内经济格局进一步深化调整以及区域环境变化所产生的虹吸效应和极化效应的影响。

第一节　国际环境

从国际环境看，一方面，国际地缘政治格局变化，美国对中国崛起开始围阻，贸易、投资自由化标准大幅度提高。国际经济发展仍处于深度调整期，竞争更加激烈，国际贸易保护主义抬头，发展中不稳定、不确定和不平衡的因素增多。德国提出“工业 4.0”计划、美国实施“再工业化”战略，全球经济格局发生重大转变。以绿色、智能为特征的新技术产业革命正在兴起，世界各国力图抢占互联网、大数据、新能源、生物产业、健康产业、海洋经济、环保产业等新产业制高点。在世界贸易组织（WTO）框架之外，跨太平洋伙伴关系协定（TPP）、跨大西洋贸易与投资伙伴协定（TTIP）、国际服务贸易协定（TISA）和多国之间自由贸易区协定纷纷达成，世界经济区域化、集团化格局更加明显。另一方面，由于“一带一路”沿线各国的社会制度、历史文化、宗教信仰、发展水平和利益诉求等存在较大差异，共建“一带一路”既面临较多的有利条件和历史机遇，也面临不少的不利因素和现实挑战。

一、世界经济复苏力度仍然较弱

世界经济处于低速增长的调整阶段，增长动力与金融危机前相比已明显减弱。发达经济体房地产市场远未恢复繁荣景象，新兴产业的发展前景存在较大不确定性，居民消费和企业投资缺乏新热点，特别是政府债务进一步上升，财政政策空间受到极大限制，需求疲软问题趋于长期化。主要发达经济体中，美国收入差距扩大影响经济可持续增长，欧元区通货紧缩压力增大，日本经济结构性改革面临阻碍。新兴经济体结构性矛盾突出，有的国家产业结构单一，过于依赖能源资源出口，受国际市场能源资源价格下滑影响严重；有的国家财政和经常账户双赤字问题突出，抵御资本外流冲击能力较弱，整固财政、调整经济结构短期内难免影响经济增速。从全球范围看，科技创新对经济的拉动作用有限，劳动生产率增长出现放缓之势，拉低全球经济潜在增长率。

在连续 3 年低速增长后，2015 年世界经济增速进一步下滑。发达国家生产率增长缓慢、投资低迷、债务高企、金融动荡，经济复苏仍处于低速轨道，改善幅度有限。新兴市场和发展中国家经济结构性矛盾突出，内需不振、能源资源出口收入缩水、资本外流，经济增速连续第 5 年放慢。

二、美国货币政策调整产生广泛影响

随着美国经济走上稳步复苏轨道，劳动力市场接近金融危机前正常水平，美联储已彻底终结量化宽松的货币政策。美国货币政策向常态回归，有利于防范通胀压力和资产泡沫积聚，是适应经济复苏的必然举措，但其外溢效应将吸引短期资金流向美国，推高全球金融市场利率。在其他发达经济体增长乏力、尚需宽松货币政策支持的情况下，这将在一定程度上抵消其宽松政策效果，抑制经济增长。一些外汇储备较少、财政和经常账户“双赤字”的新兴经济体则面临资本外流冲击，可能形成新一轮金融动荡，冲击其经济稳定。

三、贸易保护主义尚未得到有效抑制

尽管世界经济增长有所起色，但不少国家失业率较高，发达国家更加重视发展实体经济，新兴经济体大力推进工业化进程，国际市场竞争更加激烈。一些国家采取贸易保护主义措施扶持本国产业，对市场开放态度保守，全球贸易摩擦依然高发，多边贸易体制遭遇新挫折。据世贸组织统计，金融危机以来，二十国集团成员出台的贸易限制措施中，约 80%仍在实施，影响全球 4%左右的进口。尽管 2013 年年底世贸组织达成《巴厘岛一揽子协定》，但由于一些成员态度消极，协议迟迟得不到落实，多哈回合再度陷入困境。与此形成鲜明对比的是，近年来主要经济体之间掀起商签自贸协定潮流，自贸区成员之间的贸易和投资自由化深入发展，为经济全球化提供了新的重要推动力。但一些自贸协定可能导致世贸组织不同成员之间形成相对封闭的经贸集团，对协定之外的国家和地区产生挤出效应等不利影响。

四、“一带一路”战略面临地缘政治挑战

首先，“一带一路”沿线国家地缘政治复杂敏感，是大国长期博弈和较量的重点区域。从“一带一路”战略走向看，美国 2011 年 7 月提出的“新丝绸之路战略”，旨在将阿富汗打造为地区的交通贸易枢纽，通过推动南亚、中亚的经济一体化和跨区域贸易，实现“能源南下、商品北上”的战略计划，同时也意在排斥中国并为遏制中国、俄罗斯和伊朗提供战略支点。俄罗斯主导的“欧亚经济联盟战略”，旨在强化其在中亚地区的主导势力。欧盟和日本也都视中亚地区为其战略利益的重点区域，对该地区有着自己的意图和战略利益诉求。印度不仅重视自身在南亚地区的地位和影响力，而且对中亚和东南亚地区也有着自身的利益诉求。印度提出的所谓“季节计划”，也旨在进一步扩大其在印度洋的势力范围。东南亚的越南、菲律宾等国家，与我国存在领域主权和海洋权益纠纷，在承认我国崛起影响力的同时，不断穿梭于主要大国之间搞平衡，以谋求自身利益最大化。受美、俄、印等国战略博弈加强和区域内势力干扰增多的影响，未来共建“一带一路”可能会面临相当复杂而敏感的地缘政治生态。

其次，部分国家政治局势不稳，给深化相互投资及产业合作带来较大的不确定性。一方面，一些沿线国家政局不稳、社会持续动荡，局部地区武装冲突此起彼伏。如，缅甸、泰国民主转型带来的政治风险，巴基斯坦、吉尔吉斯斯坦等国存在的政治不稳定，突尼斯、利比亚、伊朗、伊拉克、阿富汗、叙利亚和也门等西亚北非国家出现的社会震荡和政治冲突，以及一些国家和地区由于民族和宗教问题所引发的极端主义、恐怖主义和分裂主义，都会对共建“一带一路”构成现实的威胁。另一方面，沿线国家经济发展相对落后，基础设施比较薄弱，相关法律法规不健全，加上我国对这些地区的投资又以道路、港口等基础设施建设为主，投资回报率较低且回本缓慢，盈利空间存在较大的不确定性，这些都将会制约投资和产业合作。

第二节　国内环境

从国内环境看,“十三五”时期是我国全面建成小康社会的决胜阶段和全面深化改革的攻坚阶段。我国总体上仍处于重要的发展战略机遇期,我国经济社会发展的内生环境正在发生重大转变。一方面,受经济增长换挡期、结构调整阵痛期和前期政策消化期的影响,经济增速放缓;另一方面,深化改革、创新驱动和新型城镇化“三大红利”将逐步释放。为应对国际、国内的各种调整变化,中国着力推动实施“一带一路”战略,扩大与多国的自由贸易协定和政治、经济合作;加快国内自由贸易园区建设,扩大参与经济全球化的影响力;实施以京津冀、长三角城市群一体化为重点的城市群战略;全面推动创新驱动战略,推进“互联网＋”行动计划,实施“中国制造2025”。

宁波作为外向度较高的沿海城市,既面临着在更高层次参与国际竞争的历史机遇,也面临着加快发展外向型经济的巨大压力;既面临着国内经济稳定向好、内需释放的良好机遇,也受到国内经济格局进一步深化调整,以及区域环境变化所产生的虹吸效应和极化效应的影响。宁波经济面临原有优势弱化、动力转化不畅、新增长点培育不足、生态环境恶化等严峻形势。为延续优势、扭转劣势,宁波需要在更大范围、更广领域、更高层次上把开放型经济作为城市经济的主体性经济形态。

一、发展机遇

从国内总体环境看,中国经济长期向好的基本面没有改变。

第一,工业化、信息化、城镇化、农业现代化深入推进,将创造新的消费和投资需求,对经济增长形成有力支撑。产业结构、区域结构、收入分配结构进一步改善,提升了经济增长潜力。全面深化改革稳步推进,“改革红利”逐步释放,将激发广大经济主体的创新动力和经济发展活力。

第二,中国积极推进新一轮扩大开放,上海自由贸易试验区取得的改革开放经验将推广到其他地区甚至全国。

第三,丝绸之路经济带和21世纪海上丝绸之路战略进入实施阶段,将为中国经济特别是对外经济贸易创造新的增长空间。“一带一路”沿线大多是新兴经济体和发展中国家,总人口约44亿,经济总量约21万亿美元,分别约占全球的63%和29%。这些国家普遍处于经济发展的上升期,我国与这些国家开展互利合作的前景广阔。“一带一路”建设涉及互联互通和基础设施建设，既可以形成世界经济新的增长点，同时也可以促进相关国家的发展，实现共赢。深挖我国与沿线国家合作潜力，必将提升新兴经济体和发展中国家在我国对外开放格局中的地位，促进我国中西部地区和沿边地区对外开放，推动东部沿海地区开放型经济率先转型升级，进而形成海陆统筹、东西互济、面向全球的开放新格局。

第四，国务院出台的支持外贸稳定增长、加强进口等政策措施深入落实，有利于保持外贸持续稳定增长。仅 2015 年，国务院就出台了 7 个支持外贸的政策文件，一方面针对当前稳增长的迫切任务，另一方面又兼顾转方式、调结构的中长期目标，主要目的是为企业创造公平竞争的环境，提振企业信心，为企业减负助力。但中国工业产能过剩、企业融资难与融资贵、劳动力成本快速上涨等矛盾交织，短期内难以化解，将对经济特别是投资增长起到抑制作用。

二、面临挑战

尽管国内外贸发展环境基本稳定，但是仍然面临着巨大的压力和挑战。突出体现在以下几个方面。

第一，外部需求难有明显回升。从外部形势看，国际贸易的先行指标——波罗的海干散货运价指数(BDI)从 2008 年的最高点(11793 点)跌至现在的历史最低水平(498 点)；WTO 的统计数据表明，2015 年前 9 个月，占全球贸易总量 93%左右的 71 个主要经济体合计出口同比下降了 11.1%，进口同比下降了 13.1%；全球贸易增速连续第 4 年低于全球经济增速。[①] 我国国内环境也发生了深刻变化，内需较弱、固定资产投资持续放缓、要素成本快速上升、产业和订单转移加快、融资难与融资贵、人民币汇率波动等多种不利因素交织叠加。与此同时，各国普遍把扩大出口当作促进经济复苏的重要手段，采取各种措施支持出口发展，国际市场竞争日益激烈。中国出口占国际市场份额已达 11.8%，随着出口规模扩大，稳定和扩大国际市场份额的难度不断增大。

第二，新的外贸竞争优势尚未形成。中国劳动力成本处于快速上涨期，近几年年均涨幅超过 10%，沿海地区出口产业劳动力成本普遍相当于周边

---

① 2016 年外贸企业如何冲破迷雾重重[EB/OL].(2016-01-11)[2016-02-01]. http://news.66wz.com/system/2016/01/11/104690353.shtml.

国家的2～3倍甚至更高,劳动密集型出口产业竞争力不断萎缩,制造业利用外资水平持续下降,出口订单和产能快速向周边国家转移,不仅纺织服装等产品在发达市场的份额明显下降,低端机电产品对发达市场的出口增速也开始落后于部分周边国家,市场份额面临被蚕食的危险。我国装备制造等新兴产业快速发展,但企业开拓国际市场经验不足,国家支持相关产品出口的财税、金融政策仍不完善,因此企业的出口潜力难以得到充分发挥。此外,跨境电子商务等新型贸易方式的发展面临诸多障碍,贸易便利化程度还需进一步提高。

第三,贸易摩擦形势依然严峻复杂。在国际贸易保护主义回潮的背景下,针对中国产品的贸易摩擦有增无减,我国仍然是国际贸易保护主义最大受害者和首要目的国。2015年前11个月,我国共遭受21个国家和地区发起的贸易救济调查73起,涉案金额达到63.8亿美元,其中不少摩擦针对中国战略性新兴产业,且涉案金额大,对中国外贸转型升级形成较大冲击。一些发达国家不断强化贸易执法,放宽立案标准,加严反倾销和反补贴调查规则,往往对中国出口企业裁定以较高的反倾销和反补贴税率。新兴经济体经济放缓,一些国家制造业陷入困境,其国内保护本国产业的呼声上升,导致与中国的贸易摩擦也逐渐增多。同时,发展中国家对中国产品发起的贸易救济案件数量和金额不断增加。

第四,"一带一路"沿线省份广而分散,使共建"一带一路"面临较多的现实挑战。目前,国内"一带一路"的核心区域是16个省份:"丝绸之路经济带"指西北五省份(陕西、青海、宁夏、甘肃、新疆)、西南四地(重庆、四川、广西、云南)和内蒙古;"21世纪海上丝绸之路"包括山东、江苏、浙江、福建、广东和海南这六个东部沿海省份。西北五省份关注更多的是与中亚、西亚、南亚国家的对接,陕西、青海、甘肃都提出了这样的方向;宁夏依据宗教特点,只对接阿拉伯国家。在西南,云南和广西的发展重点在东盟;北方内蒙古对接蒙古和俄罗斯,其他东北地区也是这个思路,如天津、辽宁、吉林和黑龙江都计划将"一带一路"对接"中蒙俄经济走廊",并与日本、朝鲜、韩国展开合作。中部地区将发展触角伸向四方,例如四川的规划是南向融入中国—东盟自贸区和大湄公河次区域发展;北向打通成都—西安—环渤海地区,对接欧亚大陆桥;西向形成通往西北和中亚的通道;东向融入长江黄金水道,畅通出海通道。因此,从国家层面统筹谋划、加强顶层设计、创新体制机制、整合配置多方资源、制定务实可行的方案等,不仅是当务之急,也是当前面临的重要课题。同时,针对国内参与省份较多的现实,如何因势利导、找准定位、发挥优势，利用好现有的机制平台有序推动，形成优势互补、协同开放和联动发展的新局面，应是当前面临的紧迫而重大的任务。

第三节　国际贸易中心城市的发展趋势

当前国际经济政治格局正处于深刻变动和调整之中，区域性国际贸易中心城市发展也呈现出一些新的趋势和特点。

一、深化国际交流与合作

构建宽领域、深层次、高水平、紧密型的国际合作体系，已经成为各国的共识和行动方向。国际合作涉及政府间多双边合作、国际组织合作、区域经济体合作等，涵盖经贸、科技、创新、金融、区域治理、文化、社会发展等领域。区别于传统的市场主体间的经贸往来，新的国际合作更具系统性，政府和国际组织发挥着重要作用。党的十八大报告也明确指出“全球合作向多层次全方位拓展”，国际合作是推进国际贸易发展的有效路径。

全方位的国际交流与合作表现为以经济国际化为主向经济、社会、人文、制度等宽领域国际交流与合作转变。上海、深圳等先进城市在推进经济国际化的同时，比以往更加重视城市基础设施、法律制度、人文环境、政务服务、居住环境等软、硬件的国际化水平。

二、打造开放门户

开放门户具有吸纳并高效配置全球资源的能力，是城市国际化的制高点。我国明确提出要发挥长江三角洲、珠江三角洲、环渤海地区等对外开放门户的重要作用，建设若干个服务全国、影响世界的国际贸易中心。从趋势来看，发展并完善区域性平台、功能性平台、载体性平台、合作性平台、服务性平台等，打造开放门户，已经成为当前城市国际化的主要途径，尤其是打造生态城、智慧城、科技城、知识城、健康城等新型平台已经成为当前推进城市国际化的亮点。比如，上海全面建设“四大中心”，深圳着力打造前海深港现代服务业合作区，杭州加快建设国际空港、国际旅游城市和未来科技城，都是为了充分发挥开放平台的国际化引擎作用，不断提升开放门户地位和全球资源配置能力。

三、培育特色功能

区域性国际贸易中心城市都高度重视特色功能的培育，并以此为核心手段带动国际化水平全面提升，在推进工作中也更加突出重点，力求在某些领域集中力量加快形成新的突破。例如，天津市近年来重点培育形成了两个具有重大带动作用的特色功能，一个是国际会展功能，天津市先后引进举办了夏季达沃斯论坛、亚欧财长会议、联合国气候谈判会议、中阿合作论坛部长级会议、国际融洽会、国际矿业大会等一批重量级会议和展会，国际影响力和知名度显著提高；另一个是国际产业承接功能，通过引进法国空中客车 A320、丹麦维斯塔斯、三星生产总部等国际性项目，发展战略性新兴产业基地，有力提升了其新兴产业的国际竞争力。

四、深化体制机制创新

全球经济调整时期，政策与制度的作用更加凸显。在经济、社会、文化等多领域加大改革力度，争取更加开放的政策，营造更有优势的制度环境，成为国内外城市推进国际化的重要趋势。我国以自由贸易区（岛）为方向，以前海、横琴、海南岛等新型开放区域为试验载体，进行了一系列的政策体制创新。争取国际化领域的先行先试，推进政策制度创新，也成为各个城市国际化发展中的竞争焦点。

五、城市群联动国际化

一个城市“单打独斗”式的国际化面临着众多制约和障碍，通过城市群的内外联动和紧密协作，发挥群体效应，协同参与国际竞争，成为城市国际化的趋势，城市群、都市圈等区域合作组织在城市国际化中的作用日益突出。深港联动国际化就是一个成功的典型，深圳全面推动深港合作，充分利用香港独特的国际化优势，加速了整个区域的国际化步伐。上海也提出了“全球城市区域”新概念，希望通过长三角或者更大区域的城市群联动，合力提升区域整体国际化水平。近年来，宁波注重发展与上海、香港等国际化大都市的紧密合作关系，这也是一种加快推进城市国际化的积极探索。

第四章 宁波建设“一带一路”区域性国际贸易中心城市的基础条件

宁波是我国连接丝绸之路经济带和21世纪海上丝绸之路的枢纽，是长江黄金水道和南北海运大通道构成的“T”字形宏观格局的交汇点，具有连接东西、辐射南北的区位优势。宁波对外地处长江经济带与大陆沿海东部海岸线的交汇处，紧邻亚太国际主航道要冲，背靠中西部广阔腹地，与东北亚和西太平洋一线主力港口香港、高雄、釜山等构成近乎等距离的扇形海运网络，且处于扇轴点，因此成为国内物流和国际物流的交汇地，十分有利于转口贸易、对外贸易的发展；对内可以通过长江经济带和甬新欧海铁联运大通道连接丝绸之路经济带，辐射中西部地区，促进沿海经济带、长江经济带、丝绸之路经济带的融合互动发展。作为亚太地区重要门户区，宁波有基础、有优势、有条件成为21世纪海上丝绸之路建设的先行区，在“一带一路”建设中发挥着“桥头堡”作用。宁波是国家确定的42个国家级综合交通枢纽城市、21个全国性物流节点和长三角区域3个物流中心城市之一，在古代即是海上丝绸之路的重要发祥地。

第一节 海上丝绸之路文化

海上丝绸之路是古代中国与世界其他地区进行经济文化交流的海上通道。海上丝绸之路是由当时东西洋间一系列港口网点组成的国际贸易网，在唐宋元的繁盛期，海上丝绸之路的中国境内区段主要由泉州、广州、宁波三个主港和其他支线港、喂给港等组成。

宁波海上丝绸之路文化源远流长，经久不衰，地域鲜明，个性突出，为中国、东南亚地区乃至人类文明作出了不朽贡献。历史证明，宁波不但是与世界各国、各地区进行交通贸易的名港大埠，而且是开展国际文化交流的重要窗口。宁波是海洋文明的发源地，是东方重要的海上丝绸之路始发港之一。

一、宁波“海上丝路”的历史进程

1. 海上丝路启蒙期。宁波是具有7000多年文明史的河姆渡文化的发祥地。河姆渡先民已能“东守于海，获大鱼”。河姆渡文化是宁波海上丝绸之路的源头，河姆渡先民所创造的稻作农业文明，通过海上原始工具，先后向周边诸国传播，成为亚洲稻作农业的发源地之一。

2. 海上丝路开通期。吴越先民尤其是吴地工匠的东迁与东渡，将先进的建筑技术带入周边诸国；佛教通过海上通道传入中国沿海地区，如今慈溪的五磊讲寺，就是印度僧人在东吴时通过海上通道来到句章港（位于慈溪）后创建的。

3. 海上丝路发展期。在盛唐繁荣的经济文化背景下，唐朝庭与日本先民开拓航路，为遣唐使的派遣、商舶的活动及佛教文化的传播等架起了友谊的桥梁。唐代海上丝绸之路迅速发展，宁波依托港口，扩建州城，拓展腹地，使宁波成为中国港口和造船业最发达的地区之一，与扬州、广州并称为中国三大对外贸易港口。

4. 海上丝路鼎盛期。宋代是宁波海上丝绸之路的全盛时期，宁波被朝廷指定为通往日本、高丽的特定港口，贸易规模和文化交流发展迅猛。随着佛教的东传，周边诸国所创的天台宗、禅宗、曹洞宗等都尊浙东国清寺、天童寺等为祖庭。在文化交往中，各国使者将中国的传统文化直接或间接地传播到周边诸国。宁波上林湖古窑场是越窑的中心地区，其烧制年代早、输出地区广，堪称“海上陶瓷之路”的先行者，以后所有瓷种的外输，都沿着越窑青瓷所开拓的海道一代一代地传下去。

5. 海上丝路禁滞期。由于明朝实行“海禁”，明州港一度繁华不再，但佛教文化的交往仍在继续，日本画僧雪舟、大明学者朱舜水、朝鲜学者崔溥在此期间所进行的文化传播，成为国与国之间交谊的佳话。

6. 海上丝路萎缩期。清初实施“海禁”后，清政府在宁波设立浙海关，是当时全国四大海关之一。鸦片战争后宁波又被辟为五大通商口岸之一。鸦片战争之前，由于“海禁”，海上丝路贸易活动萎缩；“五口通商”后，在中西方文明的共同作用下，宁波海上丝路的内涵丰富起来；日本帝国主义占领宁波后，海上丝路的一切活动停滞。

7. 新海上丝路腾飞期。新中国成立以来，经过半个多世纪的建设，宁波港已迈入亿吨级世界大港之列，港城建设欣欣向荣，新海上丝路进入腾飞期。

二、宁波商帮

宁波古老而发达的贸易历史还造就了举世闻名的宁波商帮。早在唐宋时期，宁波人便将向外拓展的目光转向中国漫长的海岸线。“假舟楫之利”的宁波商人，开始与日本、高丽、东南亚沿海国家有了贸易往来。到1840年鸦片战争前夕，已经有很多宁波商人走出故乡的四明山，来到上海。至辛亥革命后，宁波商帮达到鼎盛。宁波商帮在中国近代社会的发展史上起到了重要作用。“宁波帮”在工商业、金融业等领域不但影响了江浙地区实业的发展，也领跑了包括香港在内的中国工商业、金融业的进程。1916年孙中山先生曾对“宁波帮”企业家作过高度评价：“宁波人对工商业的经营，经验丰富，凡吾国各埠，莫不有甬人事业，即欧洲各国，亦多甬商足迹，其影响与能力之大，固可首屈一指者也。”①

三、宁波海上丝绸之路文化遗存

宁波海上丝路文化的重要特点是内涵丰富、兼容并蓄、对外远播。这一性质决定了其散落在世界各地的遗存相当丰富，影响面颇广。与此同时，留存于宁波地域内的文物史迹更是题材广泛，涵盖了政治外交、经济贸易、宗教文化、思想学说、教育卫生、民间习俗等诸多领域。在港口与贸易遗产方面，宁波尚存相关文化遗产27处，其中海上丝绸之路文化遗产有10处（见表4-1②）。永丰库遗址和宋代渔浦门码头遗址是其中的杰出代表。永丰库遗址为全国重点文物保护单位，2002年全国考古十大发现之一。永丰库是我国首次发现的古代地方大型仓库遗址，出土了大量我国著名窑系的贸易瓷，为确认宁波是我国元代第二大贸易港提供了重要的依据。宋代渔浦门码头遗址，位于宁波市海曙区和义路以北姚江南侧，临近三江口和唐宋明州城（今宁波）渔浦门。从现已揭露遗迹和相关记载看，宋代渔浦门码头是宁波港国际码头的组成部分。

---

① 孙中山先生在宁波各界欢迎会上之演说词[N]. 民国时报，1916-08-15.

② 中国世界文化遗产预备名单　丝绸之路中国段（海路部分）宁波遗产一览表[J]. 宁波通讯，2015(8)：29.

表 4-1　《中国世界文化遗产预备名单》丝绸之路中国段(海路部分)宁波遗产

序号	名称	地点	时代	现状	级别	地图上位置	备注
1	永丰库遗址	宁波市海曙区	元	完好	全国重点文物保护单位	北纬 29°52′34″ 东经 121°32′34″	港口与贸易
2	渔浦门码头遗址	宁波市海曙区	宋	完好	考古新发现	北纬 29°52′32″ 东经 121°33′02″	港口与贸易
3	明州城遗存(鼓楼、天宁寺塔、天封塔、和义门瓮城遗址)	宁波市海曙区	唐—清	完好	全国重点文物保护单位	北纬 29°52′35″ 东经 121°32′34″	城市建设
4	它山堰	宁波市鄞州区	唐	完好	全国重点文物保护单位	北纬 29°46′10″ 东经 121°20′52″	城市建设
5	保国寺	宁波市江北区	北宋—清	完好	全国重点文物保护单位	北纬 29°58′54″ 东经 121°30′55″	多元文化
6	天童寺	宁波市鄞州区	西晋—清	完好	全国重点文物保护单位	北纬 29°48′21″ 东经 121°47′27″	多元文化
7	阿育王寺	宁波市鄞州区	西晋—清	完好	全国重点文物保护单位	北纬 29°50′54″ 东经 121°44′24″	多元文化
8	庆安会馆	宁波市江东区	清	完好	全国重点文物保护单位	北纬 29°52′30″ 东经 121°33′30″	多元文化
9	天一阁	宁波市海曙区	明	完好	全国重点文物保护单位	北纬 29°52′31″ 东经 121°32′07″	多元文化
10	镇海口海防遗址	宁波市镇海区	宋—清	完好	全国重点文物保护单位	北纬 29°57′50″ 东经 121°43′20″	海防设施

第二节　外经贸发展

宁波市场基础非常扎实，是连接国内外“两种资源、两个市场”的重要节点，是我国参与国际贸易合作的重要门户。宁波是我国首批 14 个东南沿海开放城市之一，全国第 8 个自营进出口总额超千亿美元的城市。宁波对外开放时间早、领域宽、层次高，在国际合作特别是贸易合作中积累了丰富经验。

一、发展历程

在通商方面，“宁波人与全世界做生意”。宁波自古就是中国重要的对外通商口岸。改革开放以来，宁波大力推进外贸强市建设，和全球的 218 个国家(地区)建立了投资贸易关系,其中与“一带一路”沿线国家的投资额、贸易额分别占全国的3.6%和2.5%。

1. 起步探索阶段(1978—1987年)

这一时期,我国改革开放处于启动和局部试验阶段,宁波积极探索国际化道路,国际化开始起步。1979年6月1日,经国务院批准,宁波港正式对外开放。这标志着曾经作为“五口通商”口岸之一的宁波,从这一刻起重新向世界敞开了怀抱,宁波对外开放由此启航。在制度设计上,1979年宁波北仑港对外开放,宁波陆续争取到全国综合改革试点城市和沿海开放城市,兴办经济技术开发区和北仑港工业区,实行市管县体制改革等资格和优惠政策。在工作方向上,1980年中共宁波市第五次代表大会作出将宁波建设成为现代化的港口城市、浙江省外贸出口基地之一的重要决策。1984年宁波市第六次党员代表大会确立了加速建设以出口加工业、国际转口贸易为中心的综合性的现代化港口城市的战略决策,并出台了外向型经济规划,提出建设浙江省外贸出口基地、华东地区重要对外贸易口岸等奋斗目标。这一阶段,宁波外贸、外资等领域取得了一定发展。至1987年,全市出口商品收购总额达10.2亿元,比1978年增加6.5倍,占工农业总产值的6%,全市生产外贸产品的企业650多家,出口商品有600多个品种,通过国内近20个出口口岸销往数十个国家和地区。①

2. 突破推进阶段(1987—2008年)

这一时期,我国改革开放进入全面探索和提升阶段,市场经济体制逐步完善,宁波充分利用有利的国内外环境,抢抓机遇,加速城市国际化,在开放型经济、区域开发开放、国际大港发展、开放政策优势等方面取得突破性成就,推进形成了宁波在港口、民营经济、内外市场体系等领域的先发优势,现代化国际港口城市建设进程取得大发展。这一阶段又可以划分为两个发展时期。第一个发展时期是1988—1997年,宁波在获准计划单列后,积极主动依托和接轨上海浦东开发区等国家战略,又相继获准晋升为“较大的市”、副省级城市,获得自营进出口权,全市各县(市)区全部开放,并获准设立宁波保税区、大榭开发区等。开放型经济迅速向各个领域纵深拓展,外贸、外资和外经“三外”格局基本形成并迅速发展,给宁波的经济建设和城市发展带来了积极而深刻的影响。宁波外贸在国家的“市场多元化”(1990年)、“以

① 吴培力.宁波外贸:在创新中发展 在转型中提升——改革开放30年暨宁波全面实施计划单列20年之际的观察与思考[J].宁波通讯,2008(10):42-45.

质取胜”(1991 年)和“大经贸”(1994 年)战略的指引下，获得持续高速发展，进出口年均增速高达 47%，基本确立了其华东重要对外贸易口岸的地位。第二个发展时期为 1998—2008 年，宁波经历了“入世”、东南亚金融危机等考验，开放型经济经过调整后继续高速增长，经济开放体制机制不断健全，国际化领域明显拓展，重大开放平台建设加速推进，社会、人文国际交流合作水平不断提升。

3. 转型提升阶段(2008 年至今)

这一阶段，宁波经受了市场格局既有国外市场发生重大变化又有国内市场竞争激烈的双重考验，要素资源既有供给瓶颈又有价格上升导致成本不断推高的双重困扰；面临节能减排既要完成硬指标又要保证城乡居民生态权益的双重压力，产业升级既要压“旧”以淘汰落后过剩产能又要上“新”以发展新兴产业的双重任务。同时，我国对国际化战略进行了显著调整，推进技术、品牌、营销、服务“四带动”的出口战略，大力支持“走出去”，建立开放型创新体系，深化区域经济合作，提升国际话语权等成为新时期国际化战略的重点。宁波加快转变经济发展方式，提出“统筹对内对外两个开放”“宁波之外都是外”的开放新理念，加快构筑立足宁波、依托浙江、服务长三角、辐射中西部、对接海内外的全面开放新格局；“十二五”初宁波市提出了到 2016 年基本建成现代化国际港口城市的宏伟目标。随着内外开放形势的变化，目前宁波开放型经济增速有所放缓，进入了转型提升的新型国际化阶段，主要表现在：开放内容上，经济国际化和社会、人文等国际交流合作融合发展、协调推进；开放路径上，全面深化扩大国际合作；开放手段上，“走出去”和“引进来”并重；开放重点上，更加突出集聚配置全球资金、人才、技术等资源要素；开放保障上，更加重视制度、政策的突破创新。宁波 2000—2014 年进出口贸易基本情况如表 4-2 所示。

表 4-2　宁波 2000—2014 年进出口贸易基本情况

	自营进出口		口岸进出口	
	进出口(万美元)	出口(万美元)	进出口(万美元)	出口(万美元)
2000 年	754065	516781	1372547	703357
2001 年	889202	624500	1613794	869768
2002 年	1227343	816304	2145755	1232723
2003 年	1880962	1207398	3394193	1888206

续表

	自营进出口		口岸进出口	
	进出口（万美元）	出口（万美元）	进出口（万美元）	出口（万美元）
2004 年	2611222	1668967	5157576	2664100
2005 年	3349427	2223256	6749471	3614462
2006 年	4221188	2877052	8649306	4958297
2007 年	5649909	3825509	11176033	6744103
2008 年	6784036	4632638	14018503	8371436
2009 年	6081252	3865068	11692277	7317493
2010 年	8290424	5196745	16134445	10052342
2011 年	9818682	6083159	20044269	12375307
2012 年	9657269	6144526	19757789	12419370
2013 年	10032895	6571020	21190173	13397419
2014 年	10470400	7310900	21857500	14494600

二、外经贸发展现状

宁波发展国际贸易的产业基础坚实雄厚。长三角是全球重要的先进制造业基地以及我国经贸最具活力的地区。宁波作为长三角南翼主要的经济中心，在长三角不断提升在国内外经贸格局地位的过程中，占据着进一步提高经贸发展水平、扩大经贸辐射范围和影响力、建设成为新的区域性国际贸易中心城市的有利条件。目前，宁波基本形成了以制造业为主体、服务业加快发展的良好产业格局。宁波是长三角南翼重要的先进制造业基地，服务业发展势头迅猛，在宁波市生产总值中的份额继续扩大。雄厚的制造业基础为大宗商品的集散和交易提供了基本前提，发达的服务业则是现代区域性国际贸易中心城市重要的功能体现。宁波会展业已经粗具规模，形成了“浙洽会”“消博会”“国际服装节”“塑博会”“住博会”“家博会”“药机展”“食博会”等一批国内外知名的会展品牌。展馆设施齐全，建有宁波国际会展中心、常年展示交易中心等一批大中型展馆，展览总面积达 24 万平方米。目前，宁波在中国会展十佳城市中位居前列。

近年来，宁波努力加大开放型经济体制创新的力度。宁波承担了全国服务业综合改革、航运交易服务、跨境贸易电子商务等多个国家级对外开放的试点任务。宁波经济外向度高，以对外贸易、利用外资、对外经济合作为主要形式，逐步呈现多层次、宽领域、高速度的发展特点。宁波目前拥有出口加工区、保税物流园区、保税港区、保税物流中心等我国所有的特殊区域类型，齐聚了保税加工、保税物流以及配套服务等各种功能，这些成为外向型经济发展的强大助推器。宁波保税区着力做强国际贸易主体功能，不断集聚优质贸易主体，大力探索进口贸易促进创新，积极培育进口市场，打造功能平台，创新监管模式，强化政府扶持，形成了进口贸易主导格局，进口与出口之比达 2∶1，在省市开放型经济发展中发挥了先行示范和辐射带动作用。在体制方面，"政务超市"制度、电子政务制度、"大通关"体制、部门协作联动机制、外商咨询机制、投诉机制等全方位保障外向型经济的运行。

1. 利用外资情况

据宁波市商务委员会统计，2015 年宁波市累计新批外商投资项目 444 个，投资总额 119.26 亿美元；合同外资 76.54 亿美元，实际外资 42.34 亿美元。截至 2015 年 12 月底，全市累计批准外商投资项目 15542 个，投资总额 1378.63 亿美元，合同外资 767.43 亿美元，实际外资 414.70 亿美元。

2. 外贸情况

2015 年宁波市实现进出口额达 1004 亿美元，其中出口 714.29 亿美元，进口 290.36 亿美元，进出口总额连续三年跨过千亿美元大关。进出口总量超越辽宁，在全国 36 个省、市、自治区和计划单列市中居第 10 位。在全国 5 个计划单列市中进出口规模仅次于深圳，位列第 2 位；在全国 15 个副省级城市中，进出口规模仅次于深圳和广州，位居第 3 位。[①] 外贸总额在全国所有城市中排名第 8 位，成为浙江省首个、长三角第 3 个、全国第 8 个外贸总额超千亿美元的城市。[②]

3. 境外投资情况

宁波是全国境外设立企业和机构最多的城市之一。据宁波市商务委员会统计，2015 年宁波市备案（核准）境外企业和机构 226 家；备案（核准）中方投资额 25.11 亿美元；实际中方投资额 12.77 亿美元。截至 2015 年 12 月底，全市累计备案（核准）境外企业和机构 2264 家，备案（核准）中方投资额 100.08 亿美元，实际中方投资额 47.65 亿美元，分布在 116 个国家和地区，约占浙江全省总量的 1/3；实际中方投资额 35 亿美元，完成对外承包工程劳

---

① 殷浩. 宁波外贸跻身全国十强　业绩居全国城市第八位[EB/OL].（2016-01-28）[2016-01-30]. http://nb.ifeng.com/a/20160128/4242242-0.shtml.

② 林波. 宁波等 12 个城市获批成为国家跨境电子商务综合试验区[N]. 现代金报，2016-01-10.

务营业额112.3亿美元，这两项业务指标均居浙江省首位。此外，宁波企业东方日升投资约6亿美元于墨西哥设立光伏项目，刷新了宁波企业境外投资单体项目的最高纪录。特别是"一带一路"沿线国家和地区，已经成为宁波企业"走出去"的新热点。截至2015年年底，宁波市经核准共在"一带一路"沿线40个国家和地区设立了481家境外企业和机构，核准中方投资额15.4亿美元，实际中方投资额6.4亿美元。2015年，全市境外承包工程劳务合作营业额19.07亿美元，同比增长13.1%；外派劳务423人。境外承包工程劳务合作营业额完成评价指标的102.5%。

4. 服务外包情况

2015年，宁波市承接服务外包执行额186.22亿元，承接国际服务外包执行额12.79亿美元；新增服务外包从业企业135家，新增从业人员5276人；服务外包执行额和国际服务外包执行额分别完成评价指标的110.8%和118.4%。截至2015年12月底，全市共有服务外包企业1201家，从业人员4.67万人。①

三、国际经贸主体培育

近年来，宁波国际经贸环境不断改善，吸引了众多知名企业入驻。为了壮大外贸经营主体，增强发展后劲，2013年起，宁波实施了"外贸实力效益工程"和"外贸育苗工程"。截至2014年，宁波累计已有2.25万家企业获得了外贸经营资格。在宁波，百家重点进口企业和出口企业的贸易比例，已经分别超过七成和三成，中基集团、金田铜业、申洲针织等10家宁波企业还入围"中国对外贸易500强"。

与宁波区域性国际贸易中心城市建设相配套的国际经贸主体主要有两种类型：一是境内企业在宁波设立的采购中心、分拨中心、营销中心、结算中心、物流中心、品牌培育中心等具有贸易营运和管理功能的贸易型总部；二是具有先进技术、品牌优势、规模实力，有市场基础、有潜力设立境外分支机构和研发中心以拓展境外业务的国内企业。宁波企业已在境外建立上千个营销机构，数量居全国各城市之首。

---

① 王芳，祝之君，徐康. 2015：宁波商务"新起点"上谋大局[N]. 国际商报，2016-01-19(B4).

宁波总部经济[①]发展已经具备一定基础。宁波企业总部企业经营规模大、资产总量高，对全市的经济贡献率大，已逐步成为推动宁波经济发展的重要力量。其一，总部经济带动相关行业集聚发展。围绕入驻各大商务楼宇的总部型企业，其下属子公司及上下游企业的聚集效应已经逐渐显现。在总部经济模式下，宁波对周边地区发展的辐射带动效应也进一步增强，通过企业价值链和功能链，在宁波与周边地区建立起更加紧密、持续的合作关系，分工合作不断深化。其二，总部经济加快现代服务业发展。企业总部各项高端商务活动的高效运营，对金融保险、信息服务、中介咨询、科技研发等现代服务业产生强劲的市场需求，为现代服务业提供了更广阔的发展空间和动力，进而带动现代服务业和高端服务业发展，优化服务业内部结构，给区域产业发展和总量提升带来倍数增长。其三，总部经济促进就业。总部经济能创造大量就业机会，优化就业结构。总部经济是知识型、高端型的经济形态，其发展需要大量的中高层管理人才、技术研发人才和专业领域人才，既能带动宁波本地高级人才就业，优化就业结构，同时也能发挥区域人才优势，增强企业核心竞争力。

北京市社会科学院中国总部经济研究中心和北京方迪经济发展研究院主持完成的《中国总部经济发展报告 2013—2014》显示，东部地区仍是我国总部经济发展的高位势区域和前沿阵地，北京、上海、广州、深圳 4 个城市继续高居中国总部经济发展能力第一梯队。全国 35 个主要城市总部经济发展能力有明显的梯度差异，可划分为四个能级。

第一能级城市包括北京、上海、广州和深圳 4 个城市，总部经济发展综合能力得分分别为 88.99、86.11、77.53、76.55。

第二能级城市包括杭州、南京、天津、武汉、成都、宁波、重庆共 7 个城市，排名为第 5 位到第 11 位。

第三能级城市包括青岛、长沙、济南、厦门、西安、沈阳、大连共 7 个城市，排名为第 12 位到第 18 位。

第四能级城市包括郑州、福州、太原、海口、合肥、昆明、哈尔滨、呼和浩特、石家庄、长春、南昌、南宁、乌鲁木齐、贵阳、兰州、银川和西宁共 17 个城市。

---

①　总部经济是指某个城市由于特有的优势资源吸引企业总部集群布局，形成总部集聚效应，并通过“总部—制造基地”功能链条辐射带动生产制造基地所在区域发展，由此实现不同区域分工协作、资源优化配置的一种经济形态。

第二能级城市已经成为我国大型企业总部聚集的重要区域，宁波总部经济排在第10位，属于第二能级城市。就宁波而言，分项指标中，商务设施、研发能力和开放程度均位列全国前10，尤其是研发能力方面，较2012年度提升了4个名次，位列全国第9；城市综合创新能力在副省级城市中居第4位。

该报告指出，宁波总部资源具有较大优势，如商务基础设施建设稳步推进，金融保险服务发展势头良好，研发能力持续快速提升等；但基础设施条件仍是宁波发展总部经济的较大软肋，如区域开放合作需要进一步加强，专业咨询服务发展能力偏弱，研发投入力度仍然不够等。①

1. 世界500强企业在宁波投资情况

据宁波市商务委员会统计，宁波市自1989年引进第一家世界500强企业美国陶氏化学公司以来，截至2014年年底，共有48家世界500强企业在宁波投资兴办108个项目，总投资105.6亿美元，合同利用外资43.2亿美元，实际利用外资34.1亿美元，合同外资和实际外资分别占全市外资总额的15.3%和9.2%。

从产业分布看，世界500强企业投资领域由加工型工业和化学制造、船舶制造等，向交通、城建等基础设施和商贸、房地产、高新技术、农业等多领域拓展，近年来更是积极进军综合医院、百货超市、仓储物流、道路货物运输、石油及其制品批发、医药批发、汽车销售、企业管理服务、物业管理等新兴服务业。

从地域分布看，世界500强企业投资项目主要集聚在5个重点区域。其中，宁波经济技术开发区包揽46个世界500强企业投资项目，占全市总数的42.6%，位居榜首；其次是鄞州区，有13个世界500强企业投资项目；第3名为镇海区，有9个；宁波杭州湾新区和余姚市各有7个。②

世界500强企业作为国际市场的主导者、全球新兴产业发展的引领者，其投资项目的落户，对"港城"宁波的腾飞起到了重要作用。比如，三菱化学、阿克苏·诺贝尔等项目在宁波经济技术开发区、宁波石化经济技术开发区和镇海区投产后，形成了石化工业产业带；在宁波杭州湾新区、鄞州区和宁海县，世界500强企业投资项目催化形成了汽车零部件及配件制造产业带；江东区、海曙区和余姚市日益成为商业地产集聚地。

---

① 张璟璟.宁波总部经济发展能力稳居全国第一方阵[N].宁波晚报，2014-06-20.

② 俞永均.宁波携手世界500强追梦国际化[N].宁波日报，2015-04-14(A5).

2. 宁波企业入围“中国500强企业”情况

由中国企业联合会、中国企业家协会联合编制的“2015中国企业500强”中，宁波有9家企业入围“中国企业500强”，包括雅戈尔集团股份有限公司、奥克斯集团有限公司、银亿集团有限公司、远大物产集团有限公司、宁波金田投资控股有限公司、中基宁波集团股份有限公司、杉杉控股有限公司、宁波富邦控股集团有限公司、浙江前程石化股份有限公司。

在“2015中国制造业企业500强”榜单中，宁波有20家企业入围，如表4-3所示。

表4-3　宁波企业入围“2015中国制造业企业500强”名单

序号	名次	企业名称	营业收入(万元)
1	101	雅戈尔集团股份有限公司	5897962
2	108	奥克斯集团有限公司	5521610
3	160	宁波金田投资控股有限公司	3923939
4	192	杉杉控股有限公司	3212784
5	225	宁波富邦控股集团有限公司	2856847
6	304	维科控股集团股份有限公司	1853081
7	360	万华化学(宁波)有限公司	1374645
8	367	利时集团股份有限公司	1326455
9	389	宁波博洋控股集团有限公司	1170025
10	391	华翔集团股份有限公司	1156442
11	395	春和集团有限公司	1146365
12	397	海天塑机集团有限公司	1141118
13	398	得力集团有限公司	1133565
14	404	宁波申洲针织有限公司	1113153
15	424	广博集团	1023546
16	445	宁波宝新不锈钢有限公司	912510
17	457	舜宇集团有限公司	843385
18	486	宁波均胜电子股份有限公司	707709
19	490	罗蒙集团股份有限公司	703206
20	495	恒威集团有限公司	687926

数据来源：中国宁波网。

入围“中国服务业企业500强”的宁波企业持续增加，从2013年的23家增加到2014年的25家，2015年则增加到30家（见表4-4）。从入围企业来看，外贸行业是宁波入围企业的主力军，30家企业中有15家企业以外贸为主业，而前7名中有6家企业是外贸公司。

表4-4 宁波企业入围“2015中国服务业企业500强”名单

序号	名次	企业名称	营业收入（万元）
1	82	银亿集团有限公司	5358317
2	97	远大物产集团有限公司	4563731
3	123	中基宁波集团股份有限公司	3310568
4	150	浙江前程石化股份有限公司	2398081
5	171	宁波君安控股有限公司	1819932
6	178	宁波神化化学品经营有限责任公司	1670962
7	197	宁波港集团有限公司	1376255
8	199	太平鸟集团有限公司	1370536
9	200	宁波华东物资城市场建设开发有限公司	1363700
10	262	宁波市慈溪进出口股份有限公司	883212
11	281	宁波轿辰集团股份有限公司	796895
12	291	宁波滕头集团有限公司	768415
13	316	华茂集团股份有限公司	654548
14	320	日出实业集团有限公司	640112
15	335	荣安集团股份有限公司	589290
16	351	柏年康成健康管理集团有限公司	540569
17	355	宁波富达股份有限公司	528692
18	366	宁波伟立投资集团有限公司	507581
19	368	宁波海田控股集团有限公司	501110
20	386	宁波医药股份有限公司	463320
21	391	宁波市绿顺集团股份有限公司	450065
22	396	宁波联合集团股份有限公司	444256
23	413	宁波明港液化气有限公司	418796
24	427	宁波宁兴控股股份有限公司	391109

续表

序号	名次	企业名称	营业收入(万元)
25	448	国宏电气集团股份有限公司	359736
26	454	宁波宁兴房地产开发集团有限公司	348745
27	465	中宁化集团有限公司	329405
28	467	浙江华联商厦有限公司	327500
29	469	宁波萌恒工贸有限公司	323443
30	495	加贝物流股份有限公司	286725

数据来源:中国宁波网。

3. 宁波企业进出口情况

以 2014 年为例,宁波市出口前 10 的企业有申洲针织有限公司、群志光电有限公司、浙江造船有限公司等(见表 4-5);进口前 10 的企业有群志光电有限公司、浙江逸盛石化有限公司、中基宁波集团股份有限公司等(见表 4-6)。

表 4-5　2014 年宁波市出口企业前 10

序号	企业名称	所在区域
1	宁波申洲针织有限公司	北仑区
2	宁波群志光电有限公司	北仑区
3	浙江造船有限公司	奉化市
4	宁波市慈溪进出口股份有限公司	慈溪市
5	万华化学(宁波)能源贸易有限公司	北仑区
6	中基宁波集团股份有限公司	鄞州区
7	宁波全胜达商贸有限公司	北仑区
8	宁波宝禾通商贸有限公司	北仑区
9	浙江新景进出口有限公司	北仑区
10	宁波金盛禾商贸有限公司	北仑区

数据来源:中国宁波网。

表 4-6　2014 年宁波市进口企业前 10

序号	企业名称	所在区域
1	宁波群志光电有限公司	北仑区
2	浙江逸盛石化有限公司	北仑区
3	中基宁波集团股份有限公司	鄞州区
4	宁波钢铁有限公司	北仑区
5	宁波金田铜业(集团)股份有限公司	江北区
6	台化塑胶(宁波)有限公司	北仑区
7	台塑聚丙烯(宁波)有限公司	北仑区
8	宁波萍钢贸易有限公司	北仑区
9	宁波舜宇光电信息有限公司	余姚市
10	中信金属宁波能源有限公司	北仑区

数据来源:中国宁波网。

4. 宁波企业上市情况

截至 2013 年,宁波拥有境内外上市公司 55 家。其中境内上市企业 42 家,主要集中在制造业、商贸业;境外上市企业 13 家(不包括借壳上市企业和 OTCBB① 挂牌企业),有 9 家企业在香港上市。②

第三节　跨境电子商务发展

2000 年,宁波被国家发改委列为国家电子商务试点城市,也是全国首批 5 个跨境贸易电子商务试点城市之一;2011 年又被商务部列为国家电子商务示范城市。跨境贸易电子商务是宁波近年来电子商务发展的突出亮点。2013 年 11 月 27 日,宁波跨境贸易电子商务试点进口业务在宁波保税区正式启动运行。为充分发挥试点政策优势,宁波在保税区现有政策优势的基础上积极打造电子商务进口商品分销基地,通过目前监管方式的创新,稳步推进进口食品、消费品跨境贸易电子商务基地建设。此外,宁波在海曙区打

① 指美国场外柜台交易系统(Over-The-Counter Bulletin Board)。

② 朱宇.总部企业借势发力“领跑”宁波城市经济[EB/OL].(2014-01-07)[2016-02-10].http://news.cnnb.com.cn/system/2014/01/07/007954767.shtml.

造电子商务出口基地，实现电子商务企业办公、仓储、物流的集中运作。

宁波是全国首批跨境电商试点城市，自 2013 年 11 月实单运作以来，率先开展进口集货、保税备货、一般进口、直邮进口、小包出口等业务，先后建成宁波保税区、栎社保税物流中心、栎社机场物流园区、梅山保税港区等跨境电商进口基地，以及海曙跨境贸易电子商务产业园区、宁波电商城江北园区、余姚市电子商务产业园等跨境电商出口产业集聚区，成为全国试点业务覆盖最全、业务规模发展最快、监管创新模式最优、产业集聚效应最强的试点城市。

2015 年，宁波跨境电商试点业务进出口总额达 81.4 亿元，其中进口 29.3 亿元，居全国试点城市第 3 位；出口 52.1 亿元（约合 8 亿美元），处于全国前列。①

第四节　宁波口岸发展

一、宁波口岸综合实力

宁波口岸综合实力快速增长。据宁波市商务委员会统计，2015 年宁波口岸进出口总额达 1936.38 亿美元，其中出口 1415.27 亿美元，进口 521.12 亿美元。2014 年宁波海关征收税款 683.20 亿元。2010—2015 年宁波口岸进出口情况如表 4-2 所示。

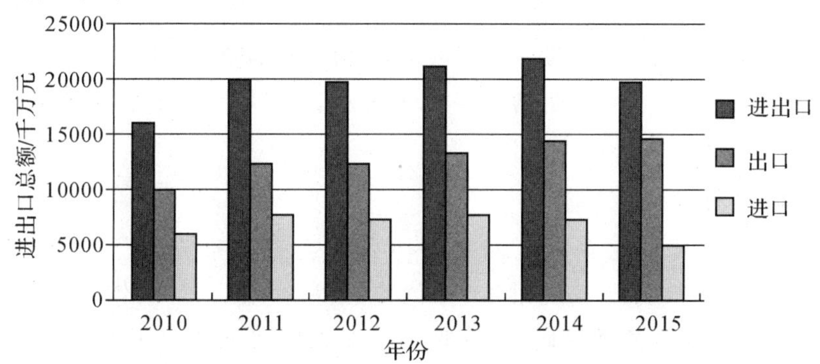

图 4-2　2010—2015 年宁波口岸进出口情况

数据来源：根据宁波市口岸协会相关资料整理。

① 杨益波. 浙江跨境电商发展再提速[N]. 中国经济时报，2016-01-20.

1. 水运口岸

据宁波市商务委员会统计，2015 年，宁波港进出口箱量累计 1887 万箱，其中出口箱量累计 953 万箱（出口重箱 825 万箱，增长 0.9%），进口累计箱量 934 万箱（进口重箱 349 万箱，增长 5.4%）。截至 2014 年年底，宁波港全港域已有万吨级以上生产泊位 102 个，航线 228 条，其中远洋干线 113 条，近洋支线 62 条，内支线 21 条，内贸线 32 条，远洋干线占 49.6%。2010—2015 年宁波水运口岸发展情况如表 4-3 所示。

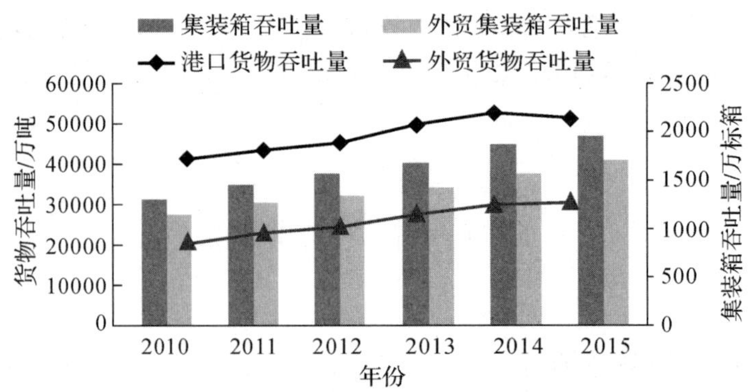

图 4-3 2010—2015 年宁波水运口岸发展情况

数据来源：根据宁波市口岸协会相关资料整理。

2. 陆空口岸

宁波空运进出口贸易进一步繁荣，2015 年宁波空运进出口贸易额达 15.6 亿美元，较 2014 年同期增长 23.5%；2015 年宁波空港进出口货物总量达 25093 吨，较 2014 年同期增长了 9.4%。宁波铁路监管点累计完成 4266 标箱，比“十一五”期末增长 1.9%。①

二、口岸对外开放规模

2011 年，宁波港北仑港区四期整体开放通过国家验收。2012 年，梅山港区口岸扩大开放获国务院批准；镇海港区 19＃和 20＃液体化工码头，镇海港区 21＃和 22＃散杂货码头，大榭万华 2 万吨级液体化工码头，实华原油（二期）45 万吨码头正式对外开放。2012 年，宁波口岸穿山北港区开始对国际航行船舶开放。梅山保税港区口岸和宁波港北仑港区四期 2 号泊位正式通过国家验收组的验收。同时，宁波大力拓展国际客货运航线，2011 年空港

① 劳育聪. 宁波空运进出口贸易额超 15 亿美元[N]. 东南商报，2012-02-02(A12).

国际快件监管中心正式启用，宁波口岸快件业务居全国前列。宁波铁路北站新货场启用，国际联运能力大幅提高。

三、口岸监管服务

宁波积极推进口岸大通关建设，口岸管理体制和监管模式不断改革创新，关检合作，推进实施“一次申报、一次查验、一次放行”；宁波海关分类通关改革试点实现全覆盖；建立商品归类咨询平台，破解归类难题；大力推广税费电子支付系统，优化税收征管方式；实施分类查验和查验分流工作，扩大 H986 集装箱查验系统的机检比例；全力推进区域审单分中心建设；关区 15 个业务现场全部实现通关作业无纸化，参与企业超过 13.69 万家，无纸化报关单比例达到 89%；全面实施出口集装箱货物放行电子化，取消原来凭加盖海关“放行章”通关单放行的作业模式。宁波检验检疫局对出口工业品和食品实行分类管理和风险管理，探索建立进口商品分类管理监管模式；对入境非法检货物、法检流向货物、来料加工货物实施口岸多点报检；对进口自拼箱货物实现货物、木质包装和集装箱的一次检验检疫工作。边检部门创新船舶预检制度，对符合条件的到港船舶实行即靠即卸，国际航行船舶预检率达到了 50%。宁波海事局实行国际航行船舶预申报。无纸化大通关向纵深推进，宁波海关实施通关作业无纸化改革试点，无纸化报关单比例已达 87%；试点海关出口货物放行无纸化；宁波检验检疫局推进出境货物口岸查验、原产地证书签证、进出口货物报检无纸化申报；实施检验检疫进口货物电子闸口放行；边检、海事推广实施网上申报。

四、口岸辐射能力

宁波口岸积极参与长三角区域大通关协作机制建设，加强与腹地城市的协作，构建宁波口岸大通关合作体系。开展宁波口岸征求腹地企业意见座谈会，打造服务腹地企业新品牌。实施省域出口商品直通放行机制、省域通关单无纸化联网核查试点工作，跨区域合作不断增强。实施“属地申报，属地验放”，扩大“属地申报，口岸验放”通关模式适用范围，区域通关更便捷。大力发展海铁联运、水水中转、双重运输，宁波口岸的辐射力和吸引力持续增强。长江经济带海关区域通关一体化改革先期在上海、南京、杭州、宁波、合肥 5 个海关正式启动，宁波海关积极参与，运行以来，货物通关顺畅，企业反映良好，宁波口岸的辐射范围进一步扩大。

五、电子口岸建设

政府加大宁波电子口岸信息平台的指导和扶持力度，编制了《宁波电子口岸信息平台"十二五"发展规划》，明确"十二五"期间宁波电子口岸信息平台建设发展方向和目标；完善对宁波电子口岸信息平台管理，从成长性、稳定性与安全性、公益性、连续性和综合性等多个方面共 14 项指标进行全方位的考核。"十二五"期间，宁波市政府投入平台运行资金 2000 万元，以建设"单一窗口"为目标，扎实推进政务项目建设，开发建设政务项目 28 个，政府投入建设资金达 1200 万元。"十二五"前四年，宁波电子口岸独立 IP 访问量达到 452 万次，核心报文流量 5262 万票。宁波电子口岸信息平台企业入网数年增 3.8%，异地企业注册用户量年增 26.1%，报文流量年增 9.2%，独立 IP 点击量年增 5.1%。

六、特殊监管区服务辐射功能

宁波口岸已拥有宁波保税区、宁波出口加工区、慈溪出口加工区、梅山保税港区、宁波栎社保税物流中心（B 型）等门类齐全的海关特殊监管区。海关特殊监管区域先行、示范、辐射、带动作用充分发挥，加强区域联动，国际贸易和转口贸易逐步发展，港口物流功能不断完善，已成为宁波开放型经济发展和对外开放的重要窗口。2014 年，宁波特殊监管区域完成出口货值 29484 万美元，进口货值 143522 万美元。

第五节　港口物流发展

宁波位于中国大陆海岸线中央，又是中国大运河和万里海上丝绸之路的节点，与南海航线联结的东南亚及环印度洋地区有着悠久的交流历史。

宁波港于 738 年正式开港，并于 752 年作为外贸港口。到宋元时期，宁波港已成为中国对外贸易的主要港口，以越窑青瓷和丝织品出口著称于世。

在元代，宁波、泉州和广州并列为全国最重要的三大枢纽港。元代至元二十九年（1292），元廷发动远征爪哇的战争，舟师主力和辎重从宁波庆元港出发，至泉州后渚港会师休整后，又发航抵勾栏山（即今加里曼丹岛西南的格兰岛）。这次大规模军事性航海活动的路线为宁波庆元港—泉州后渚港—勾栏山。元贞二年（1296）二月，元政府遣真腊（柬埔寨）使团自明州（宁波）出发，温州人周达观为使团随员。同月在温州放洋，三月抵占城，七月至真腊。大德元年（1297）六月回航，同年八月返回宁波。这些军事性和外交性的航海活动反映出 13 世纪末浙江沿海往返南海地区的航路已经非常成熟。此外,元代两浙沿海地区聚居着一些汉族和色目人航海集团与家族,他们在长距离海运和远洋航海贸易方面有卓越的能力和丰富的经验,其中,最具影响力的杨氏家族船团以两浙诸港为基地,航迹远达印度洋沿岸,杨氏家族虽以族籍地澉浦为大本营,但随着大德二年(1298)上海、澉浦两市舶司并入庆元港,两浙舶务尽归庆元统揽,宁波港也自然成为包括杨氏在内的浙海各大家族船团的运营中心。

明朝“海禁”政策大大制约了宁波港与南海各地的商贸往来,但晚明时期浙东沿海私商贸易一度兴盛,西方殖民船队对于宁波已经相当熟悉,在其文献和海图中将宁波标记为“Liampo”。16 世纪前期,葡萄牙人甚至伙同中国和日本的私商势力,在宁波东南海上的六横岛双屿港建立起走私贸易据点。由于宁波沿海社会很早就接触到西方人物与事物,到了清代多口通商时期(1684—1756),宁波港与东南亚各地贸易联系密切,宁波船从南洋输入大米、木材、药材、砂糖等货品,向南洋输出丝、茶叶、瓷器等各种特产。此外,17 世纪晚期到 18 世纪中期,英国商船也多次航抵宁波、舟山从事贸易。

到了现代,宁波与“一带一路”沿线国家和长江沿线主要城市建立了非常紧密的通航通商关系。宁波拥有得天独厚的港口优势,宁波港是长三角地区对外开放的亚太重要门户之一,是中国沿海向全球主要港口远洋运输辐射的理想集散地。

宁波港集装箱业务起步并不早,发展却很快。1984 年 7 月 22 日,宁波港用门式起重机作业了第一个集装箱,但当年只完成了 323 标箱,尚不及目前挂靠宁波港的集装箱船平均每艘次的作业量。1992 年,宁波市正式确立了“以港兴市、以市促港”的发展战略,提出要把宁波港打造成国际深水枢纽港。1994 年,全港集装箱吞吐量升至 12.5 万标准箱;2004 年突破了 400 万标准箱,世界排名跃升至第 17 位;2006 年,突破 700 万标准箱,世界排名跃升至第 13 位,时任浙江省委书记的习近平同志启动了第 700 万箱的起吊机按钮。2007 年,浙江省委提出实施“港航强省”战略,之后从 2008 年起,宁波港集装箱吞吐量进入全球十强,并于 2010 年跃升至全球第 6 位。之后 5 年,宁波港凭借快速发展态势,步步紧逼排在前面的釜山港。2011 年,宁波市委确立了加快打造国际强港的发展战略,积极推动宁波港口由运输港向贸易物流港转型,加快构建“三位一体”港航物流服务体系,力争 2015 年初步建成现代化国际一流的深水枢纽港、亚太地区重要的国际港口物流中心和资源配置中心。宁波拥有港口经营企业 250 多家,国际海运业及辅助业企业 393 家。2014 年,宁波港主动适应新常态,积极对接融入国家“一带一路”等战略，抓住"港口经济圈"建设新机遇。对外，宁波港加强与各大船公司的交流合作，主动对接21世纪海上丝绸之路；对内，宁波港立足省内、面向全国，加强与浙江省内港口、长三角港口、南北沿海港口以及中西部地区无水港的合作，推进港口经济"紧密圈、核心圈、辐射圈"建设。2015年宁波舟山港基本实现实质性一体化，全年完成货物吞吐量8.9亿吨，增长1.8%，吞吐量继续位居全球第一；完成集装箱吞吐量2062.7万标箱，首次超过香港港，位居全球第四，同比增长6.1%，增幅居全球十大港口首位。

截至2014年6月，宁波港集团集装箱远洋干线达114条，航线总数达230条，其中宁波港至东南亚国家的航线升至20条，至巴西、南非、印度、俄罗斯等金砖国家的航线升至19条，至欧美国家的干线升至56条，这些航线紧贴主要经济体和新兴经济体，质量高、航班密，推动着宁波港向"量质并重"转型升级，增强了全球客商"货走宁波港"的吸引力，保持着船舶全球挂靠港效率第一的位置。宁波梅山保税港区成为全国第七个、浙江省唯一的沿海整车进口口岸，规划用地面积约1000亩(1亩≈667平方米)，封闭式汽车堆场区占地约为3.5万平方米。

第五章　宁波与“一带一路”国家(地区)经贸合作前景

宁波建设“一带一路”区域性国际贸易中心城市，机遇与挑战并存。本章将从“一带一路”国家经贸发展概况、宁波与“一带一路”国家经贸合作现状、中国与“一带一路”国家贸易潜力测度、中国与“一带一路”国家经贸合作机会与风险、宁波建设“一带一路”区域性国际贸易中心城市面临的挑战等五个方面展开论述。

第一节　“一带一路”国家经贸发展概况

一、“一带一路”国家在全球经济中的地位

随着全球经济集团化的趋势不断加强，“一带一路”国家必然受其影响，同时也影响着其他区域经济集团的发展，形成利益互渗的复杂格局。

“一带一路”由大约 65 个国家构成，横跨欧亚非大陆，包括最西北端的波罗的海三国，东南至印度尼西亚，东北至俄罗斯和蒙古，西南直至非洲。从全球经济发展区域化角度看，“一带一路”地区是目前除亚太经合组织(APEC)、欧盟、东盟以及北美自由贸易区(NAFTA)之外又一重要的经济集团，决定着未来世界经济发展的格局，将对身处其中的中国和其他所有成员方的经济发展起到重要的推动作用。“一带一路”内部区域经济集团多样化，包含 6 个较大的经济集团：上海合作组织、东南亚国家联盟、南亚国家联盟、海湾合作委员会、中欧自由贸易区和欧盟成员国。

(一)石油等矿产资源产量相对丰富

世界七大储油区中,中东波斯湾、俄罗斯和亚洲(东南亚、中国)三大地区正处于“一带一路”国家沿线上,其石油产量占全球石油总产量的2/3以上。煤矿资源主要分布在三大地带,其中世界最大煤带在亚欧大陆中部,正好处于“一带一路”国家沿线,从中国华北向西经新疆横贯中亚和欧洲大陆直到英国。另外,俄罗斯的库兹巴斯煤田、乌克兰的顿涅茨煤田是欧洲的主要煤矿产地。

(二)具有一定的人口互补优势

“一带一路”地区地域范围广,人口密度大,沿线地区人口接近45亿,约占全球总人口的2/3。以中国和印度为核心的地区人口密集,具有劳动密集型产业优势,并且这一优势正在从中国向东南亚、再向印度形成阶梯式的转移,这就保证了“一带一路”国家内部的劳动力传递优势;同时,人口密度相差巨大,为劳动力的跨国转移以及更好地发挥劳动力优势提供了足够的空间。例如,俄罗斯广袤的土地就可以吸纳中国和印度的大量人口,推动国家之间的要素资源互补,提高现有的生产水平。

(三)经济体量举足轻重

“一带一路”国家总人口占世界总人口的63%,远大于目前人口最多的亚太经合组织;经济总量为世界的29%,高于美国和欧盟。从“一带一路”国家内部看,包括中国在内的上海合作组织人口约占“一带一路”国家的35%,与包括印度在内的南亚国家联盟的38%处于同一水平;经济总量约占“一带一路”国家的55%。

“一带一路”国家货物贸易占世界货物贸易的1/3以上。据世界贸易组织2013年统计的货物贸易数据,“一带一路”国家货物出口约占全球的37%,进口约占33%,仅次于APEC的总贸易额,略高于美国和欧盟。

“一带一路”国家内部,由于中国和俄罗斯占有该区域国家的主要进出口份额,上海合作组织的出口和进口各占该区域的40%左右;东盟国家以制造业为主的出口和海湾合作委员会国家以石油为主的出口分别约占18%和16%,进口分别约占20%和9%。上海合作组织、东盟国家和海湾合作委员会成员国家将成为“一带一路”国家内部最重要的三个经济区域。

“一带一路”国家对外直接投资的发展步伐正在加快,在全球对外直接投资总额中所占比例从2006年的10%迅速增长至2013年的21%。

二、“一带一路”国家贸易便利化水平

关于贸易便利化，世界各国尚无标准定义，且其涵盖的范围有扩大趋势。根据世界贸易组织《贸易便利化协定》对成员义务的规定，贸易便利化至少应包括以下几个方面：信息的公布与获取；货物放行与清关程序；与进出口相关的规费和费用；边境机构合作与海关合作；与进出口和过境相关的手续；受海关监管的进境货物的移动；过境自由；沟通与协商机制。贸易便利化是对国际贸易过程中涉及的行为、手续及惯例进行简化与协调，保证所有的贸易相关行为有效、透明、可预见。孔庆峰、董虹蔚(2015)[①]将国际贸易便利化一级指标设定为口岸与物流效率(T)、海关与边境管理(C)、规制环境(R)、金融与电子商务(F)，并细化为 22 个二级指标(见表 5-1)，使贸易便利化的测量更加完整、科学。

表 5-1　贸易便利化评价指标

一级指标		二级指标		
口岸与物流效率(T)	0.174	港口基础设施质量	T_1	0.041
		航空基础设施质量	T_2	0.043
		物流的竞争力	T_3	0.034
		装运负担能力	T_4	0.029
		运输的及时性	T_5	0.029
海关与边境管理(C)	0.192	清关程序的效率	C_1	0.037
		进出口时间	C_2	0.033
		进出口手续总数	C_3	0.032
		政府清廉指数	C_4	0.044
		进出口中的额外支付	C_5	0.047

① 孙庆峰，董虹蔚.“一带一路”国家的贸易便利化水平测算与贸易潜力研究[J].国际贸易问题，2015(12)：158-168.

续表

一级指标		二级指标		
规制环境（R）	0.267	政府制定政策的透明度	R_1	0.047
		政府管制的负担	R_2	0.041
		法律法规解决争端的效率	R_3	0.0047
		犯罪与暴力造成的商业成本	R_4	0.040
		司法独立性	R_5	0.045
		政府官员的徇私舞弊	R_6	0.048
金融与电子商务（F）	0.366	金融服务的成本	F_1	0.042
		金融服务的便利性	F_2	0.040
		政府在线服务指数	F_3	0.034
		电子商务使用率	F_4	0.033
		新技术的可获得性	F_5	0.042
		企业对新技术的吸收	F_6	0.043

资料来源：整理自孔庆峰、董虹蔚《“一带一路”国家的贸易便利化水平测算与贸易潜力研究》一文。

孔庆峰、董虹蔚运用《全球竞争力报告》(GCR)和《全球贸易便利化报告》(GETR)数据，对与中国贸易关系比较密切的“一带一路”国家的贸易便利化水平进行了测度，得到“一路一带”国家和地区贸易便利化的基本水平。

总体来看，亚洲各国之间贸易发展水平不同，贸易便利化水平之间差距较大，既有如新加坡(排名第一)、阿联酋(排名第五)这样的贸易高度便利化的国家，也有贸易便利化水平很低的国家。各国具体情况如表 5-2① 所示。

表 5-2 亚洲各国贸易便利化水平及排名

地区		国家	便利化水平	排名
东亚	0.592	中国	0.585	33
		蒙古	0.443	66
		韩国	0.613	28
		日本	0.725	12

① 孙庆峰，董虹蔚.“一带一路”国家的贸易便利化水平测算与贸易潜力研究[J].国际贸易问题，2015(12)：158-168.

续表

地区		国家	便利化水平	排名
西亚	0.574	伊朗	0.446	65
		格鲁吉亚	0.568	38
		亚美尼亚	0.513	53
		土耳其	0.590	32
		塞浦路斯	0.621	27
		黎巴嫩	0.455	62
		约旦	0.602	30
		科威特	0.538	45
		沙特阿拉伯	0.633	22
		也门	0.366	69
		阿曼	0.631	23
		阿联酋	0.754	5
		卡塔尔	0.740	9
东南亚	0.560	越南	0.498	54
		柬埔寨	0.451	64
		泰国	0.574	35
		缅甸	0.686	68
		马来西亚	0.371	17
		新加坡	0.795	1
		印度尼西亚	0.569	37
		菲律宾	0.532	46
南亚	0.494	斯里兰卡	0.545	44
		巴基斯坦	0.486	59
		印度	0.520	52
		尼泊尔	0.425	67
		不丹	0.496	55
中亚	0.493	哈萨克斯坦	0.493	56

(一)东南亚

东南亚国家间贸易便利化程度差异大,呈现两极分化态势。新加坡的贸易便利化水平处于首位,马来西亚的贸易便利化水平也较高。缅甸、老挝与柬埔寨的贸易便利化程度均处于世界落后水平,且低于东南亚联盟平均水平。

2002年,我国与东盟签订了《中华人民共和国与东南亚国家联盟全面经济合作框架协议》。该协议主要致力于降低贸易壁垒,降低贸易投资成本,增加区域内贸易与投资,提高经济效益,创造更大的市场规模经济容量,提高人才的吸引力。2009年10月,我国海关与东盟各国海关达成了《中国—东盟贸易便利化南宁倡议》,在简化通关手续、口岸通关标准化管理、提高物流速度、降低交易成本等方面有了更加明确的合作。

大湄公河次区域经济合作机制(GMS)提供了“实现次区域长期增长、平等和繁荣”的区域合作平台。柬埔寨、中国、老挝、缅甸、泰国和越南6国于2003年签订的《便利客货跨境运输协定》(CBTA)是GMS机制中最重要的贸易便利化协定,内容涵盖一站式单一窗口检验、人员跨境流动、跨境运输制度、商业交通权互换要求和包括道路、桥梁、信号灯等基础设施的设计标准。

2005年,在我国的倡导下,GMS领导人达成了一个更加完整的贸易投资便利化方案——《大湄公河次区域贸易投资便利化战略行动框架》(SFA-TFI),其主要目标是提高行政效率,简化、规范和协调贸易制度,鼓励货物和商务人员的自由流动,提高贸易制度和文件透明度,实现贸易信息共享。SFA-TFI和CBTA相互支持,构成了大湄公河次区域贸易便利化基本框架,为大湄公河次区域同步发展提供了机遇。

(二)南亚地区

南亚地区的经济增长是全球所有地区中速度最快的,但南亚地区贫困率依然很高,约3.99亿人每天生活费不足1.25美元,超过2亿人生活在贫民窟,还有5亿人用不上电。《南亚自由贸易协定》(SAFTA)的签署并未带来区域内贸易的增长。自2004年签订以来,南亚国家区域内贸易额占总贸易额的比重始终停滞在5%的水平,远低于其他自贸区,欧盟区域内贸易占其总贸易额的比重为70%,北美自贸区为49%,东盟自贸区为16%。南亚地区贸易发展滞后的主要原因,一是南亚国家间彼此缺乏信任和合作意愿,二是政策不稳定,三是存在边境管制等非关税壁垒,四是缺少贸易便利化措施。

总的来看,南亚国家的贸易便利化程度相近,除巴基斯坦、尼泊尔相对落后以外,其他国家并没有表现出明显的差异性。亚洲开发银行发布的《2015年亚洲经济一体化报告》(The Asian Economic Integration Report 2015)中统计了各国完成包括文件准备、检验检疫、货物清关、在途运输流程等在内的货物进出口所需时间,以衡量贸易便利化程度。该统计结果显示,巴基斯坦出口平均耗时5.9天,进口平均耗时12.3天,而南亚地区效率最高的国家是不丹,进口和出口都平均只需要0.2天,最慢的国家是阿富汗,出口平均耗时12.1天,进口平均耗时18天。报告指出,巴基斯坦的进出口效率在南亚排名靠后,急需提高贸易便利化程度[①]。

(三)西亚北非地区

西亚北非地区贸易便利化程度呈现出极端分布的态势。阿联酋和卡塔尔排名非常靠前,《国际商业观察》杂志发布的2015年年度报告显示,在西亚北非地区18个国家中,阿联酋投资和贸易安全指数均位列地区第一位,意味着阿联酋贸易和投资面临的风险最低,而也门、黎巴嫩等国贸易便利化水平不高。

(四)中亚与北亚

哈萨克斯坦贸易便利化水平在中亚地区排名靠后,影响这一地区贸易便利化程度的突出因素之一是过于漫长的进出口时间。近年来独联体地区国家间区域经济一体化有所加强,独联体自由贸易区和欧亚经济共同体等在独联体国家内也产生了积极作用,但这种作用更多表现在独联体内部,对外则表现出更多的自我保护和排外特点。

(五)欧洲国家

欧洲国家贸易便利化水平普遍高于亚洲国家和地区。“一带一路”国家中比较重要的中东欧地区其贸易便利化水平在区域内有一定差异,乌克兰、摩尔多瓦的便利化水平较低,其他国家普遍处于中等以上水平,表明我国与中东欧国家贸易投资合作与发展有巨大潜力。

近年来,我国与中东欧国家的贸易投资便利化在“16＋1”合作机制下不断推进。一是双方签署了多项多边经济合作协定,包括经济、工业、科技领

① 今后这种状况可能有所改善,2015年10月,巴基斯坦已向世界贸易组织递交接受书,标志着巴基斯坦已完成接受《贸易便利化协定》议定书的国内核准程序,成为南亚地区第1个、全球第51个接受议定书的成员。

域的合作，投资保护和避免双重征税方面的合作。2013年，中国与中东欧国家领导人签署了《中国—中东欧国家合作布加勒斯特纲要》，为促进双边经贸、金融、互联互通、科技创新环保能源、人文交流等领域的深化合作指明了方向。二是双方建立了定期沟通磋商机制。中国与波兰、匈牙利等国建立了“经济混委会机制”，定期讨论、解决双边贸易和投资过程中出现的问题。三是中国与多个中东欧国家举办了经贸工商论坛、产品展览等交流活动。2012年以来，先后举办了中国—中东欧国家贸易与投资合作论坛、中国—中东欧国家农业经贸合作论坛、中国机电轻工产品中东欧(匈牙利)展览会等，推动了双边贸易投资合作的发展。欧洲各国贸易便利化水平及排名如表5-3①所示。

表5-3 欧洲各国贸易便利化水平及排名

<table>
<tr><th>地区</th><th>国家</th><th>便利化水平</th><th>排名</th></tr>
<tr><td rowspan="13">南欧 0.552</td><td>塞尔维亚</td><td>0.474</td><td>60</td></tr>
<tr><td>黑山</td><td>0.548</td><td>42</td></tr>
<tr><td>克罗地亚</td><td>0.530</td><td>47</td></tr>
<tr><td>斯洛文尼亚</td><td>0.571</td><td>36</td></tr>
<tr><td>马其顿</td><td>0.550</td><td>41</td></tr>
<tr><td>罗马尼亚</td><td>0.527</td><td>49</td></tr>
<tr><td>保加利亚</td><td>0.521</td><td>51</td></tr>
<tr><td>阿尔巴尼亚</td><td>0.492</td><td>58</td></tr>
<tr><td>希腊</td><td>0.545</td><td>43</td></tr>
<tr><td>意大利</td><td>0.525</td><td>50</td></tr>
<tr><td>马其他</td><td>0.624</td><td>25</td></tr>
<tr><td>西班牙</td><td>0.626</td><td>24</td></tr>
<tr><td>葡萄牙</td><td>0.644</td><td>21</td></tr>
</table>

① 孙庆峰，董虹蔚.“一带一路”国家的贸易便利化水平测算与贸易潜力研究[J].国际贸易问题，2015(12):158-168.

续表

地区		国家	便利化水平	排名
东欧	0.55	爱沙尼亚	0.668	20
		拉脱维亚	0.621	26
		立陶宛	0.603	29
		乌克兰	0.462	61
		摩尔多瓦	0.455	63
		俄罗斯	0.493	57
中欧	0.63	波兰	0.576	34
		捷克	0.591	31
		斯洛伐克	0.529	48
		匈牙利	0.554	40
		德国	0.727	11
		奥地利	0.683	18
		瑞士	0.753	6

第二节　宁波与“一带一路”国家经贸合作现状

“一带一路”沿线国家要素禀赋各异，比较优势差异明显，与我国的互补性很强。2015 年 6 月初，宁波市启动《宁波参与“一带一路”建设行动纲要》《港口合作组织建设实施方案》《扩大经贸合作实施方案》《扩大人文交流实施方案》《跨境贸易电子商务试点工作实施方案》等行动纲要的编制，明确了丝路国际港口合作服务组织、对外经贸合作、跨境电子商务、友城人文交流四大战略重点，提出了未来参与“一带一路”建设的“610”行动计划，即围绕港口合作、通道建设、经贸合作、人文交流、跨境电商、体制创新等六大主要任务，每项任务规划实施 10 个左右重点项目，总投资约 1420 亿元。

一、进出口贸易

进口方面，宁波发挥深水良港的优势，扩大来自俄罗斯以及中亚、西亚的油气进口，扩大沿线国家煤炭、矿产等资源的进口，将宁波打造成为我国大宗战略性资源重要的进口集散与中转基地，同时利用宁波跨境电子商务的先发优势，发展以进口日用消费品、"一带一路"沿线国家特色商品等贸易为主的网上丝绸之路；出口方面，加快宁波机电产品和高科技产品，特别是成套设备与技术服务的出口，不断做大与"一带一路"沿线国家的贸易蛋糕。

作为外贸大市，宁波企业的主要贸易对象仍然集中在欧美发达国家，但宁波在"一带一路"沿线国家的营销网络布局已逐渐展开（见表5-4、表5-5）。据宁波市商务委员会统计，2015年，宁波市对"一带一路"沿线国家进出口贸易总额达251.4亿美元，占到了全市对外贸易总额的1/4。

其中，宁波近两年与东盟的贸易量逐渐上升，2014年东盟已上升为宁波的第三大贸易伙伴，但宁波与海上丝路沿途其他国家和地区的贸易量很少，而这些国家工业基础薄弱，产业结构不太合理，能源矿产等自然资源丰富，开展公路、港口等基础建设合作的空间巨大。在"一带一路"沿线国家中，宁波与中东欧国家经贸合作关系最为密切。2015年，宁波与中东欧国家进出口贸易总额达38.12亿美元，其中出口20.28亿美元，进口17.84亿美元，约占全国总量的1/20。同时，宁波与台湾经贸往来繁荣，自2011年1月1日《海峡两岸经济合作框架协议》（ECFA）正式实施以来，宁波海关共监管ECFA货物进口量407.75万吨，货值64.31亿美元，减免税款15.67亿元，进口量始终位居全国首位。甬企投资东盟主要是资源开发和产业转移，并呈现出投资目的地分散、多点开花的格局。

表5-4　2015年宁波主要出口市场分布

市场名称	本年累计（万美元）	比重（%）	同比（%）	比重同比增减（%）
亚洲	2204906	30.9	−1.7	0.2
非洲	382615	5.4	−3.9	−0.1
欧洲	2089303	29.2	−6.7	−1.4
拉丁美洲	565620	7.9	−4.3	−0.2
北美洲	1666486	23.3	3.1	1.2
大洋洲	234015	3.3	4.9	0.2
欧盟	1849715	25.9	−3.9	−0.4
自贸区市场	1444859	20.2	1.3	0.7

续表

市场名称	本年累计(万美元)	比重(%)	同比(%)	比重同比增减(%)
其中:东盟	509628	7.1	−3.5	−0.1
金砖国家	533009	7.5	−13.9	−1.0
中东	586896	8.2	−4.7	−0.2
“一带一路”沿线国家	1787121	25.0	−5.9	−1.0
其中:中东欧	202862	2.8	−7.2	−0.1
主要市场小计	5046616	70.7	−1.5	0.6
美国	1526739	21.4	3.4	1.2
德国	371667	5.2	−5.1	−0.2
英国	339503	4.8	6.2	0.4
日本	325618	4.6	−8.8	−0.3
中国香港	234763	3.3	−4.0	−0.1
荷兰	198990	2.8	−8.3	−0.2
澳大利亚	197971	2.8	2.8	0.1
韩国	190545	2.7	1.6	0.1
俄罗斯联邦	170337	2.4	−25.7	−0.8
法国	164349	2.3	−11.0	−0.2
意大利	161442	2.3	−2.0	0.0
印度	159896	2.2	3.8	0.1
墨西哥	140833	2.0	16.9	0.3
加拿大	139744	2.0	−0.2	0.0
阿联酋	139274	1.9	1.2	0.1
西班牙	134218	1.9	−4.1	0.0
巴西	131401	1.8	−20.3	−0.4
中国台湾	116706	1.6	25.2	0.4
越南	112678	1.6	13.3	0.2
土耳其	89943	1.3	−16.8	−0.2

注:1. 主要出口市场为2015年出口前20位国家(地区)。

2. 自贸区市场包括已实施自贸协定的东盟、新加坡、巴基斯坦、智利、秘鲁、哥斯达黎加、冰岛、瑞士、澳大利亚以及我国香港、澳门、台湾等14个自贸区。

数据来源:宁波市商务委员会。

表 5-5　2015 年宁波主要进口市场分布

市场名称	本年累计（万美元）	比重(%)	同比(%)	比重同比增减(%)
亚洲	1811400	62.4	−5.8	1.4
非洲	55692	1.9	−20.1	−0.3
欧洲	324331	11.2	−10.3	−0.3
拉丁美洲	158131	5.4	−20.3	−0.8
北美洲	291423	10.0	−1.6	0.7
大洋洲	262601	9.0	−14.0	−0.6
欧盟	274458	9.5	−12.2	−0.5
自贸区市场	1414165	48.7	−11.3	−1.9
其中：东盟	332590	11.5	−2.1	0.7
金砖国家	178422	6.1	−3.8	0.3
中东	287795	9.9	−6.6	0.1
"一带一路"沿线国家	726698	25.0	−3.6	1.1
其中：中东欧	20433	0.7	−20.8	−0.1
主要市场小计	2411017	83.0	−6.7	1.2
中国台湾	534096	18.4	−16.6	−1.9
日本	304888	10.5	−0.9	0.8
韩国	256750	8.8	6.5	1.2
美国	229229	7.9	0.1	0.6
澳大利亚	213598	7.4	−16.8	−0.8
伊朗	109899	3.8	11.4	0.7
沙特阿拉伯	87106	3.0	−7.6	0.0
巴西	82883	2.9	4.2	0.3
泰国	79397	2.7	−24.9	−0.6
德国	74985	2.6	−15.0	−0.2
马来西亚	66049	2.3	3.5	0.3
加拿大	62194	2.1	−7.2	0.0
新加坡	49315	1.7	−18.5	−0.2

续表

市场名称	本年累计(万美元)	比重(%)	同比(%)	比重同比增减(%)
印度尼西亚	49062	1.7	−15.6	−0.2
荷兰	40179	1.4	1.5	0.1
阿联酋	37780	1.3	−6.7	0.0
越南	35976	1.2	42.1	0.4
菲律宾	32697	1.1	30.4	0.3
印度	32650	1.1	−16.2	−0.1
俄罗斯联邦	32284	1.1	42.7	0.4

注:主要进口市场为2015年进口前20位国家(地区)。
数据来源:宁波市商务委员会。

二、对外直接投资

截至2015年年末,宁波市共在“一带一路”沿线的40个国家设立境外企业和机构526家,中方投资总额19.7亿美元,分别占到全市境外投资总量的23.2%和19.7%。

在“一带一路”国家中,宁波在东南亚地区共设立境外企业和机构251家,中方投资额累计12.9亿美元,分别占宁波对“一带一路”沿线国家投资总额的47.7%和65.5%。受地理位置等因素影响,以越南、柬埔寨为代表的东南亚地区成为宁波传统优势产业“走出去”的首选地,特别是宁波劳动密集型的纺织、服装等企业,利用当地相对低廉的劳动力和土地租金,在东南亚建立了自己的生产基地,同时有效规避了欧美等发达国家对我国纺织等产品设置的贸易壁垒。目前,雅戈尔、申洲、百隆东方、狮丹努等一大批企业在当地的生产规模不断扩大,企业自身创造更多利润的同时,还给当地居民提供了上万个工作机会。

经过近几年的培育,宁波与中东欧国家的友好关系和经贸往来越来越紧密和频繁,宁波市已与15个中东欧国家的16座城市建立了友城关系。2015年,宁波共在中东欧国家设立境外企业和机构2家,投资额1044万美元,同比增长28.5倍。2016年1月,宁波保税区东人投资有限公司又投资1.2亿美元收购了波兰BIOTON公司33%的股权,成为目前为止宁波企业在中东欧地区最大的投资项目。①

第三节 中国与“一带一路”国家贸易潜力测度

借鉴 Nilsson(2000)以及张会清、唐海燕(2012)的研究方法，本文测算中国对“一带一路”国家(地区)出口潜力的基本思路是：首先，在贸易理论的指引下，借助科学的计量方法，估计出具有较高解释力的引力模型；其次，根据引力模型预测中国对这些国家和地区的出口额，即根据模型参数值和解释变量的统计数据计算中国与这些国家和地区理论上的贸易额；最后，比较中国对该国家和地区的实际贸易额与理论估算额，两者之间的差即为中国的贸易潜力。当实际贸易额大于估算贸易时，表明中国在该市场贸易量已经饱和，反之则表明中国在该市场还有潜力可以挖掘。

一、引力模型

在国际贸易领域的研究文献中，测算出口潜力的研究方法主要有两种，即可计算一般均衡模型和引力模型。两相比较，引力模型不仅具有形式简单、数据要求低的优点，而且能揭示影响贸易潜力的具体因素，实际应用更为广泛。最早将引力模型应用于国际贸易研究的是 Tinbergen(1962)，他指出，两国的双边贸易与各自的经济总量成正比，而与相互的地理距离成反比。Linnemann(1966)等人将人口、人均收入、汇率以及多个虚拟变量纳入引力模型中，进一步丰富了模型的内涵，提高了测算结果的准确性。针对引力模型缺乏理论基础的批评，Anderson(1979)及其他学者从均衡理论、贸易理论等角度对引力模型进行理论上的证明，为其提供了理论上的支持。经过不断的修正与发展，引力模型在国际贸易研究中获得了相当大的成功，被广泛用于测算贸易潜力、鉴别贸易集团的效果、分析贸易模式等。

Hamilton 和 Winter(1992)利用扩展的引力模型测算了欧盟东扩的贸易潜力，发现中东欧国家与欧盟之间有相当大的贸易空间待挖掘，经济一体化过程将会显著扩大双边的出口贸易。Lehmann 等人(2005)利用调适后的引力模型测算了智利对欧盟的出口潜力，在模型中分析了自由贸易协定、价格竞争力、交通成本等因素对出口潜力的影响，并对主要商品的出口潜力做

---

① 鲁威. 宁波赴“一带一路”沿线国家投资渐热[N]. 宁波晚报，2016-03-17.

了进一步的比较研究。借鉴国外的研究方法，国内学者也曾对中国的出口潜力进行过多方位的估算。盛斌和廖明中(2004)基于2001年的截面数据和扩展的引力模型，从总量和部门两个层次就中国对40个主要贸易伙伴的出口潜力进行估算，结果显示中国的出口在总体上表现为贸易过度，但对俄罗斯、日本等七个国家或地区表现为贸易不足。赵雨霖和林光华(2008)利用修正后的引力模型，以2000—2006年的面板数据测算了中国对东盟的农产品出口潜力，发现中国对东盟出口整体表现为贸易过度，但对多数国家仍有较大的增长空间。

总体来看，国内关于“一带一路”与国家贸易潜力测度的研究虽然取得较大进展，但仍然存在不足：现有文献选择的样本范围普遍较窄，局限于欧洲、北美、东盟等中国的传统出口市场以及其他地区的少数发展中大国，对于“一带一路”国家地区的贸易伙伴特别是一些经济总量较小的国家则较少考虑，而这些国家和地区在将来较长一段时间内很可能是中国多元化出口市场的重要对象。

二、模型设定

国际贸易研究中的引力模型与物理学中的万有引力模型在原理上类似，是指两国之间的贸易流量与各自的经济规模成正比，与相互间的空间距离成反比。引力模型主要用于分析双边贸易的影响因素，对双边贸易的规模给出数量上的解释和预测，或者对税收、贸易协定等政策的影响进行评估，经过对数转换后的基本形式如下。

引力模型的简单形式：

$$\ln T_{ij}=a_0+a_1\ln GDP_i+a_2\ln GDP_i+a_3\ln POP_i+a_4\ln POP_i+a_5\ln \quad (1)$$

参考已有文献的做法，在纳入一系列地理和文化方面的虚拟变量之后，结合相关贸易理论，对式(1)做进一步的扩展。

引力模型的拓展形式：

$$\ln T_{ij}=\alpha_0+\alpha_1\ln GDP_i+\alpha_2\ln GDP_j+\alpha_3\ln POP_i+\alpha_4\ln POP_j+\alpha_5\ln D_{ij}+\alpha_6 ABS_{ij}+\alpha_7 Border_{ij}+\alpha_8 PTA_{ij}+\alpha_9 OPEN+\varepsilon_{ij} \quad (2)$$

式(2)即为本文测算出口潜力所依据的计量模型。其中，T_i 为中国对某“一带一路”国家的出口额，$Border_{ij}$ 表示两国是否接壤，ABS_{ij} 表示要素禀赋的相对差异，参考 Egger(2002)的方法，$ABS_{ij}=|\ln RY_i-\ln RY_j|$，$RY$ 为人均国内生产总值。$OPEN$ 表示贸易开放度，PTA 表示两国是否签订自由贸易协定或者区域贸易协定，下标 i 代表贸易伙伴，j 代表中国。其中变量说

明见表 5-6。

表 5-6　引力模型变量解释说明及数据来源

变量	含义	预期符号	解释说明	数据来源
T_{ij}	i 国和 j 国间的双边贸易额	+	(一国)出口额+(一国)进口额	UN Comtrade Database
GDP_i	i 国的名义国内生产总值(百万美元)	+	反映一国或地区的出口供给/进口需求能力,经济规模越大,潜在的出口/进口能力越大,进而双边的贸易流量也越大	United Nations Database
GDP_j	j 国的名义国内生产总值(百万美元)	+	反映一国或地区的进口需求/出口供给能力,经济规模越大,潜在的出口/进口能力越大,进而双边的贸易流量也越大	United Nations Database
POP_i	国家 i 的人口数量	—	一个国家人口越多,该国国内市场规模越大,越不需要依赖国际市场,从而出口/进口的规模可能越小	United Nations Database
POP_j	国家 j 的人口数量	—	一个国家人口越多,该国国内越可能具备完整的产业结构,从而出口/进口额越小	United Nations Database
D_{ij}	两国之间的绝对距离	—	通常代表运输成本的高低,运输成本越高,越可能阻碍贸易	CEPII Database
ABS_{ij}	中国与贸易伙伴的相对要素禀赋(美元)	+	资源禀赋决定产业结构,两国经济发展水平差别越大,贸易量越大	United Nations Database
$Border_{ij}$	虚拟变量,表示是否拥有共同边界,是取 1,不是取 0	+	贸易双方拥有共同边界,贸易成本会大幅度下降,贸易流量明显增加	百度百科
PTA_{ij}	虚拟变量,表示两国是否属于相同的贸易集团,是取 1,不是取 0	+	当两国均属于某个贸易集团时,由于优惠贸易安排,双边贸易流量会上升	WTO
$OPEN$	贸易伙伴的对外贸易自由度指数	+	对外贸易自由度越高,贸易壁垒越少,贸易流量越大	世界经济自由度指数(EFW)

表 5-7 为变量相关矩阵,从表中模型变量的系数符号来看,各解释变量与因变量之间的作用方向与理论预期基本吻合。另外,各解释变量之间的相关系数值都较低,共线性问题并不明显。仅有一国经济规模变量 GDP 与因变量 T 之间的相关系数高达 0.857。

表 5-7 变量相关矩阵

	T_{ij}	$Border_{ij}$	PTA_{ij}	$OPEN$	GDP_i	ABS_{ij}	POP_i	D_{ij}
T_{ij}	1.000	0.057	0.524	0.259	0.857	−0.063	0.743	−0.281
$Border_{ij}$	0.057	1.000	0.009	−0.062	−0.144	0.066	0.208	−0.564
PTA_{ij}	0.524	0.009	1.000	0.173	0.410	−0.179	0.332	−0.393
$OPEN$	0.259	−0.062	0.173	1.000	0.245	0.200	−0.019	0.014
GDP_i	0.857	−0.144	0.410	0.245	1.000	−0.153	0.756	−0.050
ABS_{ij}	−0.063	0.066	−0.179	0.200	−0.153	1.000	−0.395	0.321
POP_i	0.743	0.208	0.332	−0.019	0.756	−0.395	1.000	−0.376
D_{ij}	−0.281	−0.564	−0.393	0.014	−0.050	0.321	−0.376	1.000

三、模型估计结果

模型估计 R^2 的值为 0.828,F 值为 36.437,模型拟合度良好,模型系数如表 5-8 所示。

表 5-8 模型估计结果

模型	非标准化系数		标准系数	t	$Sig.$
	B	标准误差	试用版		
(常量)	4.266	3.339	2.304	1.278	0.207
$Border_{ij}$	0.159	0.342	0.036	0.466	0.643
PTA	0.821	0.365	0.161	2.249	0.029
FAC	0.47	0.755	0.04	0.623	0.536
GDP	0.746	0.124	0.705	5.999	0
ABS	0.396	0.18	0.139	2.196	0.032
POP	0.127	0.121	0.121	1.049	0.299
D_{ij}	−0.357	0.363	−0.084	−0.985	0.329

根据回归模型对2014年中国对"一带一路"国家出口额进行预测,可以得到表5-9中的计算结果。为消除规模因素对潜力比较的影响,我们进一步测算了出口潜力实现比例(A/E),即已经实现的出口额与理论估算的出口额之间的比值。由出口潜力指标的基本原理可知,当该比例大于1时,意味着中国对该区域处于出口过度状态,容易引发该国的贸易保护主义,比值越高,贸易保护的潜在威胁越大;当该比例小于1时,则意味着中国对该区域处于出口不足状态,还有一定的市场空间可以挖掘,比值越低,潜在的市场空间越大;当该比例等于1时,意味着中国对该区域的出口处于理论上的理想状态。

表5-9 中国与"一带一路"国家(地区)贸易潜力估值

国家		估计值(E)(美元)	实际值(A)(美元)	贸易潜力(A—E)(美元)	潜力实现比(A/E)
阿富汗	Afghanistan	2340000000	390000000	1950000000	0.17
阿尔巴尼亚	Albania	436000000	378000000	57785829	0.87
亚美尼亚	Armenia	468000000	123000000	345000000	0.26
阿塞拜疆	Azerbaijan	1840000000	1230000000	606000000	0.67
巴林	Bahrain	1230000000	1230000000	—665847	1.00
孟加拉国	Bangladesh	12100000000	11800000000	309000000	0.97
白俄罗斯	Belarus	1380000000	1110000000	269000000	0.80
不丹	Bhutan	185000000	11115484	174000000	0.06
波黑	Bosnia and Herzegovina	562000000	284000000	278000000	0.51
文莱	Brunei Darussalam	2100000000	1750000000	357000000	0.83
保加利亚	Bulgaria	1300000000	1180000000	120000000	0.91
柬埔寨	Cambodia	1470000000	3280000000	—1800000000	2.22
克罗地亚	Croatia	1520000000	1030000000	494000000	0.68
捷克共和国	Czech Republic	5320000000	7990000000	—2700000000	1.50
埃及	Egypt	5940000000	10500000000	—4500000000	1.76
爱沙尼亚	Estonia	970000000	1150000000	—180000000	1.18
格鲁吉亚	Georgia	638000000	909000000	—270000000	1.42
希腊	Greece	6030000000	4190000000	1840000000	0.69
匈牙利	Hungary	3350000000	5760000000	—2400000000	1.72
印度	India	91400000000	54200000000	37200000000	0.59

续表

国家		估计值(E)(美元)	实际值(A)(美元)	贸易潜力(A—E)(美元)	潜力实现比(A/E)
印度尼西亚	Indonesia	51200000000	39100000000	12100000000	0.76
伊朗	Iran(Islamic Republic of)	8090000000	24300000000	−16000000000	3.01
伊拉克	Iraq	4700000000	7740000000	−3000000000	1.65
以色列	Israel	8880000000	7740000000	1140000000	0.87
约旦	Jordan	1060000000	3360000000	−2300000000	3.16
哈萨克斯坦	Kazakhstan	7720000000	12700000000	−5000000000	1.65
科威特	Kuwait	6040000000	3430000000	2610000000	0.57
吉尔吉斯斯坦	Kyrgyzstan	756000000	5240000000	−4500000000	6.94
老挝	Lao People's Democratic Republic	1110000000	1840000000	−730000000	1.66
拉脱维亚	Latvia	1010000000	1320000000	−310000000	1.30
黎巴嫩	Lebanon	1160000000	2610000000	−1400000000	2.24
立陶宛	Lithuania	1490000000	1660000000	−170000000	1.11
马来西亚	Malaysia	17100000000	46400000000	−29000000000	2.71
马尔代夫	Maldives	128000000	104000000	24058022	0.81
蒙古	Mongolia	536000000	2220000000	−1700000000	4.13
缅甸	Myanmar	7260000000	9370000000	−2100000000	1.29
尼泊尔	Nepal	2530000000	2280000000	243000000	0.90
阿曼	Oman	2070000000	2070000000	4197752	1.00
巴基斯坦	Pakistan	15500000000	13200000000	2280000000	0.85
菲律宾	Philippines	25900000000	23500000000	2450000000	0.91
波兰	Poland	11500000000	14300000000	−2700000000	1.24
卡塔尔	Qatar	5040000000	2250000000	2780000000	0.45
罗马尼亚	Romania	4080000000	3220000000	855000000	0.79
俄罗斯	Russian Federation	95600000000	53700000000	41900000000	0.56
沙特阿拉伯	Saudi Arabia	19000000000	20600000000	−1600000000	1.08
塞尔维亚	Serbia	1040000000	425000000	615000000	0.41

续表

国家		估计值(*E*)(美元)	实际值(*A*)(美元)	贸易潜力(A—E)(美元)	潜力实现比(*A*/*E*)
新加坡	Singapore	29900000000	48900000000	—19000000000	1.64
斯洛伐克	Slovakia	2690000000	2830000000	—140000000	1.05
斯洛文尼亚	Slovenia	1570000000	1990000000	—420000000	1.27
斯里兰卡	Sri Lanka	2770000000	3790000000	—1000000000	1.37
塔吉克斯坦	Tajikistan	965000000	2470000000	—1500000000	2.56
泰国	Thailand	22500000000	34300000000	—12000000000	1.52
东帝汶	Timor-Leste	63761913	60341649	3420264	0.95
土耳其	Turkey	15300000000	19300000000	—4000000000	1.26
土库曼斯坦	Turkmenistan	1280000000	954000000	325000000	0.75
乌克兰	Ukraine	3580000000	5110000000	—1500000000	1.43
阿拉伯联合酋长国	United Arab Emirates	13700000000	39000000000	—25000000000	2.85
乌兹别克斯坦	Uzbekistan	3150000000	2680000000	476000000	0.85
越南	Viet Nam	27100000000	63700000000	—37000000000	2.35

注:表中潜力实现比(*A*/*E*)取约数。

从表5-9最后一列可以看出,在"一带一路"国家中,阿富汗、不丹、亚美尼亚、塞尔维亚、卡塔尔、波黑、俄罗斯、科威特、印度、阿塞拜疆、克罗地亚、希腊、土库曼斯坦、印度尼西亚、罗马尼亚、白俄罗斯、马尔代夫、文莱、乌兹别克斯坦、巴基斯坦、阿尔巴尼亚、以色列、尼泊尔、菲律宾、保加利亚、东帝汶、孟加拉国、阿曼的潜力实现比小于1,表明我国与这些国家的贸易潜力较大。我国已跃居全球最大的商品出口国,但基于理论模型的测算结果表明,当前我国的对外贸易仍处于出口不足状态,出口贸易还有相当大的发展空间,因此有必要通过合理的政策扶持和引导,保障出口贸易的稳定增长。当前,我国对其他的"一带一路"国家继续扩大出口的行为,极有可能遇到重重阻碍,适时调整出口市场结构是开展对外贸易的可行之策。

第四节 中国与“一带一路”国家经贸合作机会与风险

从资源富集情况看,“一带一路”国家和地区是全球最主要的能源和战略资源供应基地,区域内资源互补性强;从比较优势来看,沿线国家多为处于不同发展阶段、具有不同资源禀赋的发展中国家,这些国家经济发展潜力巨大,在农业、纺织、化工、能源、交通、通信、金融、科技等诸多领域进行经济技术合作的空间广阔。

一、东南亚

1. 合作领域

作为新兴经济体集中的区域,东南亚经济充满活力,其经济增速高于亚洲平均水平,这为双方的合作奠定了良好的经济基础。东南亚国家发展水平各异,与中国互补性较强。具体来看,东南亚地区内部经济发展水平与资源禀赋状况差异显著。根据人均 GDP,可将东南亚国家按照发展水平划分为三个梯队(见表 5-10)。东南亚国家向中国出口的物资主要是机电产品、橡胶、塑料等(见表 5-11),中国向东南亚国家出口的主要物资是机电产品、矿产品、贱金属等(见表 5-12)。

表 5-10 东南亚国家经济发展水平

发展水平	国 家	人均 GDP(美元)
第一梯队	新加坡	50000 以上
第二梯队	马来西亚、泰国、印度尼西亚、菲律宾	2000~12000
第三梯队	越南、老挝、柬埔寨、缅甸	0~2000

资料来源:联合国商品贸易统计数据率(UN Comtrade Database)。

表 5-11 东南亚国家主要出口物资

代表性国家	人均GDP（美元）	向世界主要出口物资	向中国主要出口物资
新加坡	54648.63	矿产品；化工产品；塑料、橡胶；光学、钟表、医疗设备；运输设备；贱金属及制品；食品、饮料；烟草、贵金属及制品；纤维素浆、纸张；纺织品及原料；家具、玩具、杂项制品；鞋靴、伞等轻工产品；植物产品；皮革制品、箱包	机电产品；塑料、橡胶；化工产品；矿产品；光学、钟表、医疗设备；运输设备；贱金属及制品；食品、饮料、烟草；纤维素浆、纸张；贵金属及制品；纺织品及原料；家具、玩具、杂项制品；活动物、动物产品；陶瓷、玻璃；皮革制品、箱包
马来西亚	10513.65	机电产品；矿产品；动植物油脂；塑料、橡胶；化工产品；贱金属及制品；光学、钟表、医疗设备；食品、饮料、烟草；木及制品；家具、玩具、杂项制品；纺织品及原料；运输设备；贵金属及制品；陶瓷、玻璃；活动物、动物产品	矿产品；塑料、橡胶；动植物油脂；化工产品；贱金属及制品；光学、钟表、医疗设备；食品、饮料、烟草；木及制品；运输设备；纺织品及原料；陶瓷、玻璃；植物产品；家具、玩具、杂项制品；动物产品

资料来源：中华人民共和国商务部网站；联合国商品贸易统计数据库（UN Comtrade Database）。

表 5-12 东南亚国家主要进口物资

代表性国家	人均GDP（美元）	主要进口物资	自中国主要进口物资
新加坡	54648.63	机电产品；矿产品；化工产品；贱金属及制品；光学、钟表、医疗设备；运输设备；贵金属及制品；塑料、橡胶；食品、饮料、烟草；纺织品及原料；活动物、动物产品；植物产品；家具、玩具、杂项制品；纤维素浆、纸张；陶瓷、玻璃	机电产品；矿产品；贱金属及制品；化工产品；光学、钟表、医疗设备；纺织品及原料；家具、玩具、杂项制品；塑料、橡胶；食品、饮料、烟草；运输设备；陶瓷、玻璃；贵金属及制品；植物产品；皮革制品、箱包；鞋靴、伞等轻工产品
马来西亚	10513.65	机电产品；矿产品；贱金属及制品；化工产品；运输设备；塑料、橡胶；食品、饮料、烟草；光学、钟表、医疗设备；贵金属及制品；植物产品；活动物、动物产品；纺织品及原料；纤维素浆、纸张；家具、玩具、杂项制品；陶瓷、玻璃	机电产品；贱金属及制品；化工产品；光学、钟表、医疗设备；塑料、橡胶；运输设备；家具、玩具、杂项制品；陶瓷、玻璃；食品、饮料、烟草；活动物、动物产品；纤维素浆、纸张；贵金属及制品

资料来源：中华人民共和国商务部网站；联合国商品贸易统计数据库（UN Comtrade Database）。

从前面一节的分析可知,新加坡与我国的货物贸易潜力不大,但是新加坡作为第一梯队国家,制度环境良好、服务业发达、科技水平较高,且其依托马六甲海峡重要交通枢纽,适宜进行金融、航运等行业投资以及高新技术开发合作。作为东盟经济发展与自由化程度最高的国家,新加坡不仅被外资视为进入东盟市场的“滩头堡”,而且因其与中国稳健的经贸关系,已经成为东盟国家或外资与中国沟通的一座桥梁。目前,新加坡是东南亚地区中中国对外直接投资存量最高的国家,且投资主要集中在航运、金融等服务业领域。此外,新加坡科技发达,适宜进行高新技术开发合作。

第二、三梯队国家中,除印度尼西亚以及菲律宾外,扩大其他国家和我国的货物贸易比较困难。但是这些国家的基础设施建设普遍滞后,已成为制约其经济进一步发展的重要因素,其基础设施建设潜在需求巨大;同时,囿于资金不足,第二、三梯队国家基础设施建设面临巨大的资金缺口。因此,中国与这些国家在基础设施建设以及融资领域具有广阔的合作空间。第二梯队国家发展水平相对较高,我国与其基础设施建设合作主要集中于高铁建设等领域;第三梯队国家发展水平相对较低,现阶段我国与其基础设施建设合作集中于公路建设与电力设施建设。

2. 合作风险

受国内政治势力林立、民族宗教问题复杂、地区主义盛行等因素的影响,第三梯队部分国家政治风险较为突出。如缅甸民族矛盾突出、武装派别林立,国内政局动荡且时常爆发军事冲突,政治风险成为对缅投资面临的最主要的风险。部分第二梯队国家也存在宗教极端主义与恐怖主义,对其国内安全构成一定威胁。

总体上看,第二、三梯队国家均面临着政策稳定性较低、相关法律法规不完善、腐败较严重、企业运营环境较差等问题,而第三梯队国家在相关政策与法律法规方面面临的问题更加突出。

东南亚部分国家存在排华传统,未来排华情绪存在激化可能。马来西亚、印度尼西亚、新加坡等东南亚国家华人较多,社会对华人存在一定的排斥情绪,如印度尼西亚等国曾多次爆发大规模的排华事件。未来若这些国家面临较大经济下行压力或较严重的社会问题,其排华情绪存在被激化的可能。

3. 重点国家——印度尼西亚

(1)中国与印尼贸易概况

印度尼西亚统计局公布的数据显示,2014 年,印尼对中国双边货物贸易额为 482.3 亿美元,同比下降 8.7%。其中,印尼对中国出口 176.1 亿美元,同比下降 22.1%,占印尼出口总额的 10.0%,下降 2.4 个百分点;印尼自中国进口 306.2 亿美元,同比增长 2.6%,占印尼进口总额的 17.2%,增长 1.6 个百分点。印尼对中国的贸易逆差为 130.1 亿美元,同比增长 77.5%。截至 2014 年年底,中国成为印度尼西亚第二大出口市场(仅次于日本)和第一大进口来源地。

(2)中国与印尼进出口产品贸易结构分析

2014 年,印尼对中国出口最多的商品为矿物燃料、动植物油、杂项化学制品、木浆及纸浆、木材及制品,上述五大类商品的出口额依次为 58.8 亿美元、27.0 亿美元、13.9 亿美元、10.9 亿美元、8.8 亿美元,合占其对中国出口总额的 67.8%;其他对华出口商品还有矿砂、橡胶及其制品、有机化学品、机电产品、塑料及其制品、铜及其制品、可可及可可制品、水产品等,如表 5-13 所示。

表 5-13 2014 年印尼对中国出口主要商品构成(章)

金额单位:百万美元

HS 编码	商品类别	2014 年	占比(%)
章	总值	17606	100.0
27	矿物燃料、矿物油及其产品;沥青等	5880	33.4
15	动植物油、脂、蜡;精制食用油脂	2698	15.3
38	杂项化学产品	1388	7.9
47	木浆等纤维状纤维素浆;废纸及纸板	1087	6.2
44	木及木制品;木炭	878	5.0
40	橡胶及其制品	803	4.6
29	有机化学品	773	4.4
26	矿砂、矿渣及矿灰	609	3.5
85	电机、电气、音像设备及其零附件	359	2.0
74	铜及其制品	356	2.0
39	塑料及其制品	300	1.7
52	棉花	294	1.7
03	鱼及其他水生无脊椎动物	233	1.3
64	鞋靴、护腿和类似品及其零件	220	1.3
12	油籽;子仁;工业或药用植物;饲料	175	1.0

续表

HS编码	商品类别	2014年	占比(%)
48	纸及纸板;纸浆、纸或纸板制品	114	0.7
84	核反应堆、锅炉、机械器具及零件	111	0.6
19	谷物粉、淀粉等或乳制品;糕饼	97	0.6
55	化学纤维短纤	90	0.5
34	洗涤剂、润滑剂、人造蜡、塑型膏等	88	0.5
23	食品工业的残渣及废料;配制的饲料	77	0.4
62	非针织或非钩编的服装及衣着附件	72	0.4
18	可可及可可制品	64	0.4
61	针织或钩编的服装及衣着附件	62	0.4
92	乐器及其零件、附件	62	0.4
8	食用水果及坚果;甜瓜等水果的果皮	54	0.3
72	钢铁	52	0.3
87	车辆及其零附件,但铁道车辆除外	48	0.3
28	无机化学品;贵金属等的化合物	47	0.3
73	钢铁制品	41	0.2
	以上合计	17135	97.5

资料来源:摘自商务部2015年发布的《国别贸易报告:印度》中的表13。

中国出口印尼的商品品类繁多,主要有机械设备、机电产品、钢铁制品、钢材、有机化学品。2014年,上述五类商品出口总额为181.6亿美元,占印尼自中国进口总额的59.3%。除上述商品外,中国出口印尼的主要商品还有有机化学品、塑料及其制品、无机化学品、肥料、生鲜水果、棉花、铝制品和音响器材制品等。在印尼的十大类进口商品中,中国出口的机电产品、金属制品、纺织品、家具和瓷器处于较明显的优势地位;但中国出口的化工品、塑料制品、光学仪器和运输设备等仍面临着来自日本、美国、法国、德国、韩国等国家的竞争。灯具、照明装置及类似品、塑料制品是宁波出口的主要产品,在印尼仍有市场可开拓。2014年印尼自中国进口主要商品情况如表5-14所示。

表 5-14　2014 年印尼自中国进口主要商品构成(章)

金额单位:百万美元

HS 编码	商品类别	2014 年	占比(%)
章	总值	30624	100.0
84	核反应堆、锅炉、机械器具及零件	7134	23.3
85	电机、电气、音像设备及其零附件	6831	22.3
72	钢铁	1809	5.9
73	钢铁制品	1247	4.1
29	有机化学品	1137	3.7
39	塑料及其制品	1015	3.3
28	无机化学品;贵金属等的化合物	583	1.9
54	化学纤维长丝	551	1.8
76	铝及其制品	530	1.7
87	车辆(铁道车辆除外)及其零附件	526	1.7
52	棉花	525	1.7
38	杂项化学产品	446	1.5
31	肥料	445	1.5
7	食用蔬菜、根及块茎	425	1.4
32	鞣料;着色料;涂料;油灰;墨水等	415	1.4
55	化学纤维短纤	407	1.3
60	针织物及钩编织物	368	1.2
94	家具;寝具等;灯具;活动房	355	1.2
8	食用水果及坚果;甜瓜等水果的果皮	345	1.1
89	船舶及浮动结构体	320	1.0
90	光学、照相、医疗等设备及零附件	297	1.0
69	陶瓷产品	268	0.9
24	烟草、烟草及烟草代用品的制品	265	0.9
27	矿物燃料、矿物油及其产品;沥青等	253	0.8
83	贱金属杂项制品	238	0.8

续表

HS 编码	商品类别	2014 年	占比%
48	纸及纸板;纸浆、纸或纸板制品	222	0.7
59	浸、包或层压织物;工业用纺织制品	221	0.7
40	橡胶及其制品	219	0.7
64	鞋靴、护腿和类似品及其零件	198	0.7
74	铜及其制品	180	0.6
	以上合计	27779	99.7

资料来源:摘自商务部 2015 年发布的《国别贸易报告:印度》中的表 14。

(3)经贸合作机会

印尼劳动密集型产业及利用当地天然资源的产业有一定投资空间,但近年来印尼政府大幅提升最低薪酬标准,因此传统产业的合作前景有待观察。

自然资源开发及矿业开采(如石油、天然气、煤、金、镍矿、陶瓷土及大理石矿等)、水产养殖及渔业捕捞、森林保育等可以配合印尼政府鼓励开发东部偏远地区的政策开展。此外,水泥、工业用纸箱、纸管、树脂等各类化工原料、各类五金器具及汽车零部件制造业也有一定投资前景。

二、南亚

1. 合作领域

南亚地区基础设施建设落后,根据世界经济论坛发布的《全球竞争力报告》,南亚主要国家印度、巴基斯坦、孟加拉基础设施建设得分分别为 3.7、3.3 和 2.8,低于"一带一路"沿线国家的平均值 4.2。南亚地区电力供应短缺与交通设施落后问题突出,电力与交通领域基建需求巨大。以巴基斯坦为例,2014 年总发电量为 15500 兆瓦,仅为其用电量需求的 3/4,用电高峰时期需采取地区轮流限电措施。中国与南亚国家在电力与交通基础设施建设领域具有巨大合作空间。目前,中国在巴基斯坦、印度承建了大量电力设施项目,能源也是"中巴经济合作走廊"的重要合作领域。

南亚劳动力资源、农矿产品丰富,中国与南亚之间的产业转移具有较大潜力。印度、巴基斯坦、孟加拉国是世界上为数不多的人口过亿的国家,且人口结构年轻化,劳动力成本很低,适宜劳动密集型产业的转移。目前,南亚国家正在积极寻求制造业升级,而中国在产业转型升级的过程中也需要企业“走出去”，因此双方在产业梯度转移方面具有较大的合作空间。但与南亚地区相比，中国更熟悉东南亚地区的投资环境，且南亚地区货物运输的便捷程度不如东南亚地区，因而在劳动密集型产业转移方面，东南亚地区更具吸引力。

复杂的宗教、民族矛盾与复杂的地缘环境导致南亚地区恐怖主义盛行，对地区安全与政治稳定造成不利影响。南亚地区宗教、民族关系复杂，为宗教极端势力与恐怖主义发展提供了土壤。发端于阿富汗的宗教极端势力与恐怖主义势力也逐步向南亚国家渗透，使南亚地区的恐怖主义活动盛行，对南亚地区的国家安全与政治稳定造成不利影响。

受复杂的民族、宗教矛盾的影响，南亚部分国家地区主义力量强大，且存在分裂势力，削弱了中央政府对地方的管辖能力，以及应对内外部冲击的能力，影响了南亚地区的政局稳定以及社会、经济的发展。

南亚国家能源短缺、制造业不发达，能源与工业制成品大量依赖进口，加剧了南亚国家爆发输入型通胀的风险。此外，南亚大部分国家工业基础薄弱，初级产品出口与服务业高度依赖海外市场，这在一定程度上增加了其宏观经济波动的风险。

南亚国家法治建设尚不完善，政府机构执法不规范、腐败严重，不利于企业正常经营活动的开展。2015 年印度的营商环境得分在全球 189 个国家中排名第 142 位。

3. 重点国家——印度

(1)中国与印度贸易概况

2014 年，印度对中国双边货物贸易额为 716.0 亿美元，增长 8.6%。其中，印度对中国出口 133.2 亿美元，下降 8.3%，占印度出口总额的 4.2%，下降 0.4 个百分点；印度自中国进口 582.8 亿美元，增长 13.3%，占印度进口总额的 12.7%，增长 1.7 个百分点。印度对中国的贸易逆差为 449.6 亿美元，增长 22.1%。

(2)中国与印度进出口产品贸易结构分析

棉花、铜及制品、矿物燃料、有机化学品、矿砂、建筑材料是印度对中国出口的主要产品。印度自中国进口的商品主要有机电产品、机械设备、有机化学品、肥料、钢材、塑料制品。2014 年，印度进口的上述六大类商品合计 387 亿美元，占自中国进口总额的 66.4%。除上述产品外，印度自中国进口的其他主要商品还有珠宝及贵金属制品、船舶、光学仪器制品、家具、纺织品等(见表 5-15)。

截至2014年12月底，中国为印度第一大进口来源地。在印度的十大类进口商品中，中国生产的纺织品、机电产品、家具、金属制品、光学仪器和陶瓷等在印度进口的同类商品中占有较明显的优势地位(见表5-16)；但中国生产的运输设备、化工产品、贵金属制品、钢材等商品的出口仍面临着美国、欧洲各国和日本等发达国家的竞争。

表5-15　2014年印度向中国出口主要商品构成(类)

金额单位：百万美元

海关分类	HS编码	商品类别	2014年	占比(%)
类	章	总值	13319	4.2
第11类	50—63	纺织品及原料	3103	23.3
第5类	25—27	矿产品	2943	22.1
第15类	72—83	贱金属及制品	2440	18.3
第6类	28—38	化工产品	1503	11.3
第16类	84—85	机电产品	835	6.3
第7类	39—40	塑料、橡胶	435	3.3
第17类	86—89	运输设备	430	3.2
第2类	06—14	植物产品	287	2.2
第3类	15	动植物油脂	279	2.1
第12类	64—67	鞋靴、伞等轻工产品	179	1.4
第8类	41—43	皮革制品；箱包	179	1.4
第1类	01—05	活动物；动物产品	175	1.3
第14类	71	贵金属及制品	159	1.2
第18类	90—92	光学、钟表、医疗设备	115	0.9
第13类	68—70	陶瓷；玻璃	105	0.8
		其他	151	1.1

资料来源：摘自商务部2015年发布的《国别贸易报告：印度》中的表15。

表 5-16 2014 年中国向印度出口主要商品构成(类)

金额单位：百万美元

海关分类	HS 编码	商品类别	2014 年	占比(%)
类	章	总值	58278	12.7
第 16 类	84—85	机电产品	25755	44.2
第 6 类	28—38	化工产品	11452	19.7
第 15 类	72—83	贱金属及制品	5385	9.2
第 11 类	50—63	纺织品及原料	2527	4.3
第 17 类	86—89	运输设备	2466	4.2
第 7 类	39—40	塑料、橡胶	1986	3.4
第 22 类	98	仿古制品	1659	2.9
第 18 类	90—92	光学、钟表、医疗设备	1291	2.2
第 20 类	94—96	家具、玩具、杂项制品	1267	2.2
第 14 类	71	贵金属及制品	1261	2.2
第 5 类	25—27	矿产品	1016	1.7
第 13 类	68—70	陶瓷；玻璃	996	1.7
第 10 类	47—49	纤维素浆；纸张	419	0.7
第 12 类	64—67	鞋靴、伞等轻工产品	301	0.5
第 8 类	41—43	皮革制品；箱包	265	0.5
		其他	233	0.4

资料来源：摘自商务部 2015 年发布的《国别贸易报告：印度》中的表 16。

(3)经贸合作机会[①]

①电子及通信产业。印度近年已成为全球电子产品成长最快速的市场，带动半导体、电子产品、消费性电子产品、电脑及周边产品等庞大市场需求量。但印度本土电子厂商竞争力有限，多数电子产品依赖进口，鉴于印度电子产品进口金额持续扩大，甚至在 2020 年有可能超越石油成为印度最大进口项目，印度政府已将发展国内电子制造业列为重点政策。我国近年来

① 这一部分内容以及后文俄罗斯、科威特、罗马尼亚经贸合作机会相关内容均参考台湾经济管理部门业务处官网资料。

电子产业发展迅猛,与印度开展电子通信产业经贸合作前景广阔。

②智能城市相关产业。印度总理莫迪在2014—2015财政年度预算报告中宣布将投入760亿卢比(1卢比≈0.099人民币)在全国各地兴建100个智能城市,这将创造大量投资与就业机会。智能城市将以资讯网络科技为发展骨干,串联交通、住宅、卫生及各项生活资讯,为现代化城市提供优质发展环境,其衍生的商机包括基础建设、资讯科技解决方案、绿化产品、机电设备等。目前国际企业如KPMG、Cisco、Infosys、IBM、GE、Honeywell、3M、Timken等均积极提出合作方案以争取潜在的巨大商机。另外,美国、英国、德国、新加坡、日本、西班牙、荷兰、法国也在与印度各州政府合作,协助规划智能城市的发展。

③汽车零部件。近年来印度汽车产业蓬勃发展,其中二轮车辆及大型巴士产量排名全球第2,重型卡车排名第5,轿车排名第6,商用车排名第8。国际知名厂商如Tata、Ford、Maruti Suzuki、Honda、Hero等纷纷抢滩印度市场。印度幅员辽阔且基础建设相对落后,我国汽车零部件产品即便物美价廉,若仍以出口供应,加上物流成本后将丧失竞争力。长远来看,我国汽车零部件企业可以慎重考虑在印度投资设厂的可能性,争取成为印度汽车产业供应链体系的一环。

④电机电气行业。印度用电连年增长,很多数地区供电不足且电压极度不稳,电力设施正成为政府积极投入资金改善的基础建设之一,发电、输电、配电系统的改善更是迫在眉睫,对相关电机设备需求迫切。另外,印度对家庭用的小型发电机、蓄电池、不断电式电源供应器、交换式电源供应器、稳压设备也有庞大需求。

⑤食品加工行业。印度农业发达、原物料丰富,12亿人口的消费量使得食品加工业的需求量大,成为印度政府重点发展的产业之一。目前印度食品加工产业当务之急是提升食品物流仓储设备,以降低配销途中的损坏概率,多培养产业界所需的技术性劳工,建立全国性食品安全标准,提升食品检验技术,促进研究机构与产业合作等。

⑥基础设施建设。改善基础设施是印度莫迪政府2014年5月就任以来最重要的工作之一,2015—2016年度政府将投入至少7000亿卢比改善电力、水利、道路、铁路等工程,政府亦鼓励民间企业以公私协力(public private partnership)方式参与投资。由日本政府协助印度规划的长达1483千米的德里—孟买工业走廊(DMIC)未来商机巨大,DMIC第1阶段计划包括7个大型投资园区,并将兴建5个物流中心、2座机场、1座海水淡化厂、3个中型

市镇，估计所需投资经费约 32500 亿卢比，目前各投资园区的规划蓝图均已完成，相关工程及周边产业发展将衍生巨大商机。

⑦健康产业。印度健康产业涵盖医院、医药、诊疗、医疗器材及医疗保险等 5 大部分。该产业产值由 2004 年的 220 亿美元增加至 2012 年的 600 亿美元，平均年增长率达 12%。随着印度民众收入提高，其对医疗品质与服务要求也大幅增加，给印度健康产业体系带来巨大挑战与无限商机。根据印度商工总会的研究报告，印度在 2025 年前须增加 175 万个病床位，以达到全国平均每千人 3 张病床数的水平，所需投资金额高达 860 亿美元。70%的印度医疗院所集中在 20 个都会地区，未来远程医疗的创新与服务提供将是重要投资机会。此外，印度医疗器材市场 85%依赖进口，且市场成长迅速。

⑧旅游业。旅游业是印度重点发展产业。印度幅员辽阔，历史文化悠久，宗教节庆丰富，旅游市场潜力亟待开发。

三、中亚

中亚地区包含的国家有哈萨克斯坦、乌兹别克斯坦、土库曼斯坦、吉尔吉斯斯坦、塔吉克斯坦 5 个国家，一般称为“中亚五国”。

1. 合作领域

中亚五国油气、矿产资源丰富，能源管道建设，能源、矿产贸易与相关产业投资是中国与中亚五国经济合作的重点领域。一方面，中亚地区油气、矿产资源丰富，同时其能源、矿产行业的进一步发展需要大量的资金、技术支持。另一方面，作为能源和矿产需求大国，中国同时具有资金、技术等优势。因此，双方在能源管道建设，能源、矿产贸易以及相关产业投资领域具有广阔合作前景。目前，中国与中亚五国正在加紧建设联通整个中亚地区与中国的天然气管道网络。

中亚五国基础设施建设情况整体落后，因此中国与中亚五国在交通设施建设、电力设施建设等领域具有较大的合作空间。首先，作为联通东亚经济圈与欧洲经济圈的重要通路之一，中亚五国同样具有重要的交通区位优势。然而总体上看，中亚五国交通设施建设落后，远低于经济发展水平相近的“一带一路”沿线其他国家。目前，中国在中亚五国承建了大量的公路、铁路项目。2014 年中国与哈萨克斯坦合作成立了物流基地，使双方的合作深化至物流等服务行业。其次，中亚五国电力基础设施落后，而中国在电力设施建设与设备制造领域具有较强的成本优势和竞争力，双方在电力设施建设领域具有较大合作空间。目前,中国与中亚五国开展了大量电力合作项目。

2. 合作风险

受国内政治局势不稳定、地缘政治敏感、民族与宗教问题复杂等因素的影响,中亚五国政治风险较为突出。首先,哈萨克斯坦与乌兹别克斯坦由于"强人政治"的存在,政治局势相对稳定,但两国均面临"接班人"问题,未来两国能否顺利实现权力交接仍存在较大不确定性。其次,中亚五国地缘环境复杂,对其政治局势的稳定构成不利影响。一方面,中亚五国处在美国、俄罗斯等周边大国的角力范围,地缘政治敏感。吉尔吉斯斯坦2005年爆发的"郁金香革命"与2011年陷入政治动荡,均与美、俄等国的外部干涉密切相关。另一方面,中亚五国周边的阿富汗、乌克兰等国局势动荡,对其国内的稳定造成负面影响。最后,中亚五国内部民族、宗教问题复杂,是国内局势的潜在不稳定因素。受自身宗教因素以及阿富汗基地组织的影响,中亚五国宗教极端势力与恐怖主义力量有所抬头,对其国家安全局势以及企业经营环境形成负面影响。

中亚五国市场经济发展程度有限,相关法律制度不健全,政府机构执法不规范、腐败严重,对企业运营环境构成不利影响。

四、北亚

北亚主要包括俄罗斯和蒙古两国,在上一节的测度中,俄罗斯与中国经贸合作前景较好,因此在这里重点分析俄罗斯。

1. 中俄贸易概况

据俄罗斯海关统计,2014年中俄双边货物进出口额为884.0亿美元,增长29.4%。其中,俄罗斯对中国出口375.1亿美元,增长125.4%,占俄罗斯出口总额的7.6%;俄罗斯自中国进口508.9亿美元,减少1.6%,占俄罗斯进口总额的17.8%。俄方逆差133.8亿美元,下降61.8%。中国为俄罗斯第二大出口市场,第一大进口来源地。

2014年,矿产品、木及制品、化工产品是俄罗斯对中国出口的主要产品,三类产品出口额分别占俄罗斯对中国出口总额的77.7%、6.8%和4.0%,出口额分别为288.9亿美元、25.1亿美元和14.7亿美元。2014年,俄罗斯对华出口商品增长最快的是动植物油脂,增幅为121.7%;其次为光学、钟表、医疗设备,增幅为116.5%;运输设备、皮革制品和箱包下降明显,降幅分别为90.4%和61.8%(见表5-17)。

中国出口俄罗斯的主要商品为机电产品、纺织品及原料、贱金属及制品，2014 年进口额分别为 234.7 亿美元、49.2 亿美元和 39.8 亿美元，占俄罗斯自中国进口总额的 46.2%、9.7% 和 7.8%，分别下降 0.1%、4.6% 和 2.8%。食品、饮料、烟草的进口额增幅明显，为 15.9%。鞋靴、伞等轻工产品的进口额降幅明显，下降 22.1%（见表 5-18）。

表 5-17 2014 年俄罗斯向中国出口主要商品构成（类）

金额单位：百万美元

海关分类	HS 编码	商品类别	2014 年	占比(%)
类	章	总值	37509	100.0
第 5 类	25—27	矿产品	28891	77.7
第 9 类	44—46	木及制品	2511	6.8
第 6 类	28—38	化工产品	1468	4.0
第 16 类	84—85	机电产品	1451	3.9
第 1 类	01—05	活动物；动物产品	934	2.5
第 10 类	47—49	纤维素浆；纸张	812	2.2
第 7 类	39—40	塑料、橡胶	415	1.1
第 15 类	72—83	贱金属及制品	341	0.9
第 18 类	90—92	光学、钟表、医疗设备	111	0.3
第 4 类	16—24	食品、饮料、烟草	87	0.2
第 2 类	06—14	植物产品	56	0.2
第 14 类	71	贵金属及制品	54	0.2
第 17 类	86—89	运输设备	21	0.1
第 3 类	15	动植物油脂	16	0.0
第 8 类	41—43	皮革制品；箱包	11	0.0
		其他	330	0.9

数据来源：摘自商务部 2015 年发布的《国别贸易报告：俄罗斯》中的表 15。

表 5-18　2014 年中国向俄罗斯出口主要商品构成(类)

金额单位:百万美元

海关分类	HS 编码	商品类别	2014 年	占比(%)
类	章	总值	50890	100.0
第 16 类	84—85	机电产品	23465	46.2
第 11 类	50—63	纺织品及原料	4922	9.7
第 15 类	72—83	贱金属及制品	3975	7.8
第 20 类	94—96	家具、玩具、杂项制品	3413	6.7
第 7 类	39—40	塑料、橡胶	2624	5.2
第 17 类	86—89	运输设备	2402	4.7
第 12 类	64—67	鞋靴、伞等轻工产品	2272	4.5
第 6 类	28—38	化工产品	1913	3.8
第 13 类	68—70	陶瓷;玻璃	1061	2.1
第 18 类	90—92	光学、钟表、医疗设备	1043	2.1
第 2 类	06—14	植物产品	929	1.8
第 8 类	41—43	皮革制品;箱包	710	1.4
第 4 类	16—24	食品、饮料、烟草	640	1.3
第 10 类	47—49	纤维素浆;纸张	383	0.8
第 9 类	44—46	木及制品	365	0.7
		其他	773	1.5

数据来源:摘自商务部 2015 年发布的《国别贸易报告:俄罗斯》中的表 16。

2. 合作领域

2012 年,俄罗斯加入世界贸易组织。自此俄罗斯贸易和商业体制不断开放,对促进外贸快速发展发挥了重要作用。俄罗斯人口超过 1.4 亿,是欧洲之冠。2004 年到 2013 年外贸复合增长率达到了 13%。

(1)俄罗斯油气等自然资源丰富,为能源管道建设、能源贸易与相关产业投资领域的合作提供了广阔空间。俄罗斯石油、天然气储量丰富,是全球油气资源的主要出口国,2013 年俄罗斯石油与天然气净出口额超过沙特阿拉伯,位居世界第一。中国作为能源进口大国,具有强烈的能源进口、运输多元化需求,在能源管道建设、能源贸易与投资领域与俄罗斯有广阔的合作空间。目前，中俄天然气东线管道项目已得到两国政府的批准，进入实施阶段。除油气资源外，俄罗斯森林资源丰富，中俄在相关领域具有较大的合作空间，中国在俄罗斯托木斯克投资建立了木材工贸合作区。俄国除石油及天然气等能源产品外，同时为铁、镍、白金等金属重要产地，可以利用商品市场衰退时期，尝试购买俄国低价金属商品，并争取稳定的供应来源。

(2)俄罗斯交通设施建设相对落后，作为欧亚大陆桥的重要节点，其基建需求巨大，高铁建设是未来中俄经济合作的重点之一。作为欧亚大陆桥的重要节点国家，俄罗斯交通区位优势突出，然而与此形成鲜明对比的是，俄罗斯交通设施建设特别是铁路建设相对落后。根据世界经济论坛发布的《全球竞争力报告》，俄罗斯在铁路设施一项中得分仅为 2.7，远低于经济发展水平相近的“一带一路”沿线其他国家。而中国的高铁技术相对成熟，且具有较强的国际竞争力，高铁建设将是中俄在设施联通方面合作的重点。2015 年 5 月初，中俄联合竞标团成功中标莫斯科—喀山高铁项目。

(3)俄罗斯轻、重工业失调，轻工业发展相对缓慢，双方在轻工业产品贸易、工业园区建设等方面具有较大合作潜力。俄罗斯轻工业发展缓慢，中国轻工业发达，纺织、家电等轻工业产品具有较强的国际竞争力，中俄贸易结构互补性较强，双方在轻工业产品贸易、相关园区建设方面具有较大合作空间。

(4)由于俄罗斯在航天、机械、生化、光电等高科技领域的基础研究相当发达，中国可以与俄罗斯相关企业或研究机构进行技术合作，研发有市场潜力的新产品，或购买研发成果将其商品化。

(5)俄罗斯幅员辽阔，各地方发展情形不一，各地方政府为吸引外国投资者，往往另行制定较优惠的投资法令或提供优厚条件。

3. 合作风险

据世界银行于 2014 年 10 月公布的《2015 年全球经商环境报告》(Doing Business 2015)评比结果，俄罗斯在 189 个受调查经济体中排 62 位，较 2014 年上升 2 个名次，其中“开办企业”第 34 名、“申请建筑许可”第 156 名、“电力取得”第 143 名、“财产登记”第 12 名、“获得信贷”第 61 名、“投资人保护”第 100 名、“缴纳税款”第 49 名、“跨境贸易”第 155 名、“执行契约”第 14 名、“破产处理”第 65 名，显示出俄国投资环境尚有大幅改善的空间。

(1)俄罗斯高度依赖能源出口的经济发展模式不可持续，经济的增长与稳定面临较大风险。俄罗斯经济高度依赖能源出口，致使其宏观经济易受国际能源价格波动的冲击。2014 年以来国际能源价格的走低导致俄罗斯经济增速大幅放缓,经济风险上升。此外,石油价格的下跌造成俄罗斯政府财政收入下降,不仅增加了俄罗斯的主权信用风险,同时也加大了政府合作项目的合约执行风险。在2014年奠基的中俄同江铁路大桥项目,俄方因资金不足迟迟尚未开工建设。

(2)俄罗斯政策稳定性相对较低,企业在当地的运营环境有许多亟待完善之处。俄罗斯政策法律调整频繁、缺乏稳定性,政府机构执法不规范,对企业运营环境构成不利影响。

(3)石油价格下跌带来的外汇收入减少、西方国家的制裁以及由此引发的资本外逃,加剧了俄罗斯的汇兑风险与金融系统性风险。石油价格下跌导致俄罗斯外汇收入大幅下降,而西方因乌克兰事件对俄罗斯实施的一系列制裁措施不仅进一步限制了俄罗斯的国际融资渠道,更引发了大量资本外逃。外汇收入的锐减与大量的资本外逃加剧了俄罗斯的汇兑风险。2014年年底,虽然俄央行未明确采取外汇管制措施,但中方商户出现明显的回款困难。此外,国际融资渠道受限与资本外逃也加大了俄罗斯相对脆弱的金融体系发生系统性风险的可能性。

(4)在俄罗斯市场进行贸易可能遇到的最大挑战之一就是如何在其辽阔的国土进行分销。俄罗斯很多地区交通基础设施比较落后,国内货物运输主要用铁路,而铁路系统整体而言不够完善。通往小城镇及农村的货物仍然需要轻型货车运送。俄罗斯人口大多散布在超千个小城镇内,除了莫斯科和圣彼得堡的人口分别达到1200万和500万以外,全国只有13个大城市人口超过百万。如何在人口如此分散的俄罗斯开展分销物流,是我国开展对俄贸易需要解决的重要问题。

五、西亚北非

“一带一路”沿线的西亚北非国家包括沙特阿拉伯、阿联酋、阿曼、伊朗、土耳其、以色列、埃及、科威特、卡塔尔、约旦、黎巴嫩、巴林、也门共和国、阿富汗等17个。

1. 合作领域

西亚北非石油资源丰富,石油贸易、上下游相关产业投资是双方合作的重点领域。西亚北非是全球最为重要的油气资源产地,全球石油净出口量前十的国家中西亚北非国家占了一半。而中国石油进口需求快速上升,目前已超越美国成为世界第一大原油进口国。因此,中国与西亚北非产油国在石油贸易以及石油勘探、开采、炼化等领域具有广阔的合作前景。目前,中国从西亚北非地区石油进口量已超过总进口量的52%。中国在伊朗、沙特阿拉伯、伊拉克等国投资了大量的油田、石油炼化厂。

西亚北非地区部分国家基础设施建设相对落后，与我国在基础设施建设领域存在一定合作空间。科威特、埃及、伊朗等国基础设施建设相对落后，其基础设施建设得分远低于经济发展水平相近的“一带一路”沿线其他国家，存在一定的基础设施建设需求。然而，由于西亚北非国家距中国较远，且大部分国家不处于现阶段设施联通需要优先打通的关键交通节点上，因而双方在基础设施建设领域的合作空间相对有限。

西亚北非地区部分产油国资金充裕，未来可考虑在“一带一路”建设融资方面开展合作。以沙特阿拉伯、阿联酋为代表的产油国资金充裕，且存在较强烈的投资需求，而“一带一路”沿线国家基础设施建设面临巨额资金缺口，未来我国可考虑与其在“一带一路”基础设施建设融资方面开展合作。

2. 合作风险

西亚北非地区是全球政治局势最为复杂、政治风险最为突出的地区之一。宗教、民族矛盾突出以及地缘政治敏感导致西亚北非地区政局动荡、军事冲突频发。首先，西亚北非地区民族、宗教问题复杂，历史积怨深重，这成为地区安宁的隐患。目前，西亚北非地区面临着巴以民族冲突、世俗政权与宗教力量对立、宗教极端势力、恐怖主义等多重问题，区域政治风险极高。此外，西亚北非地区地缘政治敏感，区域内大国与外部势力的干预使得西亚北非局势更加复杂化。巴以问题的久拖不决，埃及、阿富汗、伊拉克局势的动荡，以及2015年也门内部武装冲突，都在一定程度上使“一带一路”建设受到外部力量的影响。

3. 重点国家——科威特

科威特属于开放型的经济体，市场规模较小，与我国距离遥远，文化、语言隔阂以及当地劳工薪资偏高等，成为中科经贸发展的不利因素。但随着海湾合作委员会(GCC)单一市场的逐步成形，未来我国如能充分利用科威特临近伊拉克的地理优势，投资设立转销据点，就可拓展现有海湾六国市场，并能就近参与伊拉克重建，寻得商机。

科威特庞大的石油财富，使得整个国家缺乏创新及提升效率的动机。尽管科威特政府希望发展私人企业经济，并引导外资以发展非石油经济，但是因为国民过度依赖政府福利支出，加上政府与国会间、皇室与私人企业间存在种种利益纠葛及外商投资相关法令，外资进入科威特市场存在诸多困难。除非经过外国投资局的核准，否则一般外国人最高仅能持有科威特境内设立公司 49%的股权。要进口产品，所有外商均须通过当地代理商进口，且商品一经确认在科威特有代理商，海关将扣押多数以平行输入方式进入科威特的产品。在此严苛的条件下，科威特的外国投资，确实落后于其他 GCC 国家。中国在科威特的投资机会包括以下两方面。

(1)配合参与科威特政府发展计划，积极参与科威特第四炼油厂、火力发电厂、太阳能发电厂等重点建设项目。另外，可考虑合作发展科威特的服务业。虽然科威特开始努力实现经济多元化的目标，但非石油产业的规模比较有限，制造业仍将重心放在石化业上，而其成长又受石油产量限制。相反，服务业的成长对企业来说，意味着更多的发展空间。

(2)软件行业。科威特行事效率低为各国业者及民间诟病，政务电子化亦急需加强，软件产品自民间至政府单位均有多项需求，包含安全监控、门禁系统、财产保护、在线游戏、手机软件、文书作业流程电子化、电子钱包、国防工业应用、二维码应用等。

六、中东欧

中东欧地区主要指欧洲大陆受前苏联影响的前社会主义国家(地区)，包含波兰、罗马尼亚、捷克、斯洛伐克、保加利亚、匈牙利、拉脱维亚、立陶宛、斯洛文尼亚、爱沙尼亚、克罗地亚、阿尔巴尼亚、塞尔维亚、马其顿、波黑、黑山、乌克兰、白俄罗斯、格鲁吉亚、阿塞拜疆、亚美尼亚、摩尔多瓦等国家。

1. 合作领域

中东欧国家与中国经济互补性以及合作空间相对有限。以波兰、匈牙利等国为代表的中东欧转型国家，无论是经济发展程度还是产业结构，在"一带一路"沿线国家中与中国最为接近，产业结构互补性较弱。特别是，中东欧国家具备一定的制造业基础，在对欧盟国家出口方面与中国存在一定程度的竞争关系。

2. 合作风险

部分中东欧国家基础设施建设落后，如罗马尼亚、保加利亚、塞尔维亚等，但由于中东欧国家距中国较远，且大部分国家不处于现阶段设施联通需要优先打通的关键交通节点上，因而双方在基础设施建设领域的合作空间相对有限。

大部分中东欧国家政局基本稳定，部分国家政治风险突出。以波兰、捷克为代表的部分中东欧国家完成了政治体制转型，政局基本稳定。但以乌克兰、格鲁吉亚为代表的部分中东欧国家，地缘政治敏感，加上俄罗斯与西方国家的干预，导致国内政局长期动荡。

部分中东欧国家经济体制转型尚未完成，经济风险较高；相关法律制度也不完善，对企业的运营环境构成负面影响。作为转型经济体集中的地区，中东欧各国发展差异较大。其中，波兰、捷克等国已建立起了相对完善的经济运行体制，国内经济风险较小；而白俄罗斯等独联体国家经济体制转型尚未完成，国内通胀高企，国际收支不失衡，经济风险较高，且相关法律制度不完善，不利于企业正常经营活动的开展。

3. 重点国家——罗马尼亚

(1)中罗贸易概况

据欧盟统计局统计，2014 年罗马尼亚与中国的双边贸易额为 38.7 亿美元，增长 18.2%。其中，罗马尼亚对中国出口 7.5 亿美元，同比增长 13.9%，占其出口总额的 1.1%；自中国进口 31.2 亿美元，同比增长 19.3%，占其进口总额的 4.0%。罗方贸易逆差 23.6 亿美元，同比增长 21.1%。中国是罗马尼亚排名第 23 位的出口目的地和第 6 大进口来源地。

(2)中罗贸易结构分析

罗马尼亚对中国出口最重要的商品是机电产品、木及制品、贱金属及制品(见表 5-19)，2014 年出口额分别为 2.5 亿美元、1.6 亿美元和 0.7 亿美元；机电产品、木及制品同比增长 25.3%和 0.5%，贱金属及制出口同比下降 5.4%；分别占罗马尼亚对中国出口总额的 32.7%、21.0%和 9.7%。

中国对罗马尼亚出口的最主要商品是机电产品(见表 5-20)，2014 年进口额为 16.4 亿美元，同比增长 23.7%，占罗马尼亚自中国进口总额的 52.6%。中国的劳动密集型产品在罗马尼亚进口市场占有一定的份额，家具玩具、纺织品及配件的进口分别占罗马尼亚同类商品进口市场份额的 13.1%和 5.1%。在这些产品的出口中，中国的主要竞争对手是意大利、德国以及土耳其等国家。

表 5-19　2014 年罗马尼亚对中国出口主要商品构成(类)

金额单位:百万美元

海关分类	HS 编码	商品类别	2014 年	占比(%)
类	章	总值	754	100.0
第 16 类	84—85	机电产品	247	32.7
第 9 类	44—46	木及制品	158	21.0
第 15 类	72—83	贱金属及制品	73	9.7
第 7 类	39—40	塑料、橡胶	66	8.7
第 5 类	25—27	矿产品	64	8.5
第 6 类	28—38	化工产品	48	6.3
第 17 类	86—89	运输设备	41	5.4
第 18 类	90—92	光学、钟表、医疗设备	25	3.3
第 20 类	94—96	家具、玩具、杂项制品	11	1.5
第 11 类	50—63	纺织品及原料	9	1.2
第 4 类	16—24	食品、饮料、烟草	5	0.7
第 2 类	06—14	植物产品	5	0.6
第 1 类	01—05	活动物;动物产品	1	0.2
第 13 类	68—70	陶瓷;玻璃	1	0.1
第 8 类	41—43	皮革制品;箱包	0	0.1
		其他	1	0.1

数据来源:摘自商务部 2015 年发布的《国别贸易报告:罗马尼亚》中的表 15。

表 5-20　2014 年中国向罗马尼亚出口主要商品构成(类)

金额单位:百万美元

海关分类	HS 编码	商品类别	2014 年	占比(%)
类	章	总值	3116	100.0
第 16 类	84—85	机电产品	1637	52.6
第 15 类	72—83	贱金属及制品	291	9.4
第 11 类	50—63	纺织品及原料	268	8.6
第 20 类	94—96	家具、玩具、杂项制品	198	6.4
第 7 类	39—40	塑料、橡胶	142	4.6

续表

海关分类	HS 编码	商品类别	2014 年	占比(%)
第 6 类	28—38	化工产品	104	3.3
第 18 类	90—92	光学、钟表、医疗设备	81	2.6
第 13 类	68—70	陶瓷;玻璃	80	2.6
第 17 类	86—89	运输设备	78	2.5
第 9 类	44—46	木及制品	63	2.0
第 12 类	64—67	鞋靴、伞等轻工产品	56	1.8
第 8 类	41—43	皮革制品;箱包	30	1.0
第 4 类	16—24	食品、饮料、烟草	25	0.8
第 10 类	47—49	纤维素浆;纸张	24	0.8
第 2 类	06—14	植物产品	19	0.6
		其他	19	0.6

数据来源:摘自商务部 2015 年发布的《国别贸易报告:罗马尼亚》中的表 16。

(3)经贸合作机会

①罗马尼亚森林资源丰富,发展木材加工及家具业具有潜力。罗马尼亚每年自中国进口的机械产品中,木材加工机占相当比重。

②服务业。罗马尼亚原属社会主义国家,市场竞争不够充分,市场上各类服务业服务质量不高,金融、保险、银行、快递等服务水准较高的产业都有一定拓展机会。

③农牧业。罗马尼亚可耕种面积占国土总面积的 40%,且平均农业劳动力成本在欧盟成员国中第二低,食品及饮料市场属东南欧最大,葡萄酒产量欧洲第六大(全球第 15 大),同时也是欧洲第四大蜂蜜出口国,但仍需进口许多农产品。罗马尼亚自 2007 年开始参与国际有机产品博览会(BIOFACH)以来,有机食品经营者和专业合伙人的利益一直在不断增加,并于 2013 年被评为“世界上最大有机产品博览会年度国家”。有机产品在欧洲和全球生物市场的重要性越来越显著,因此许多具有潜力的业者高度关注罗马尼亚的有机产品。

④信息产业。罗马尼亚专业人才资源充沛(IT 专业人员数量欧洲第一,全球第六),且工资相对低廉,亦因此吸引微软在其首都布加勒斯特(Bucharest)设立技术支援中心,且 Oracle、IBM 及 HP 等大公司的软件高科技中心

也在罗马尼亚设有业务部门。

⑤石化产业。东南欧 11 个炼油厂中，罗马尼亚占 8 个。其石油储备量居欧洲第三，每年出产石油 400 万吨。

4. 重点国家——希腊

(1)中希贸易概况

据欧盟统计局统计，2014 年希腊与中国的双边货物贸易额为 36.8 亿美元，同比增长 6.1%。其中，希腊对中国出口 3.7 亿美元，同比下降 33.4%，占希腊出口总额的 1.0%，下降 0.5 个百分点；希腊自中国进口 33.1 亿美元，同比增长 13.6%，占希腊进口总额的 5.2%，提升 0.5 个百分点；希腊贸易逆差 29.4 亿美元，同比增长 24.7%。中国是希腊第 23 大出口目的地和第五大进口来源地。

(2)中希贸易结构分析

矿产品是希腊对中国出口的第一大类产品(见表 5-21)，2014 年出口 2.3 亿美元，占希腊对中国出口总额的 62.6%，同比下降 34.0%。贱金属及制品是希腊对中国出口的第二大类产品，2014 年出口 3370 万美元，占希腊对中国出口总额的 9.1%，同比下降 49.8%。机电产品是希腊对中国出口的第三大类商品，2014 年出口 3202 万美元，占希腊对中国出口总额的 8.6%，同比增长 66.0%。

中国对希腊出口的第一大类商品是机电产品(见表 5-22)，2014 年进口 11.5 亿美元，同比增长 17.3%，占希腊自中国进口总额的 34.7%。其中，机械设备进口 7.0 亿美元，同比增长 54.9%；电机和电气产品进口 4.5 亿美元，同比下降 14.9%。希腊自中国进口的第二大类商品为贱金属及制品，2014 年进口 3.8 亿美元，同比增长 13.0%，占希腊自中国进口总额的 11.4%。运输设备、家具玩具和纺织品及原料分别为希腊自中国进口的第三、第四和第五大类商品，2014 年分别进口 3.6 亿美元、3.5 亿美元和 2.8 亿美元，占希腊自中国进口总额的 11.0%、10.5%和 8.5%。中国是希腊家具、玩具和鞋靴、伞等轻工产品的最大进口来源国，占希腊该产品进口市场份额的 29.6%和 24.0%。另外，中国还是希腊机电产品、贱金属及制品、皮革制品及箱包的第二大进口来源地，主要竞争者有德国、意大利等国家。

表 5-21　2014 年希腊向中国出口主要商品构成(类)

金额单位:百万美元

海关分类	HS 编码	商品类别	2014 年	占比(%)
类	章	总值	371	100.0
第 5 类	25—27	矿产品	232	62.6
第 15 类	72—83	贱金属及制品	34	9.1
第 16 类	84—85	机电产品	32	8.6
第 6 类	28—38	化工产品	15	4.0
第 10 类	47—49	纤维素浆;纸张	15	4.0
第 11 类	50—63	纺织品及原料	11	2.9
第 4 类	16—24	食品、饮料、烟草	8	2.1
第 3 类	15	动植物油脂	6	1.7
第 8 类	41—43	皮革制品;箱包	5	1.4
第 2 类	06—14	植物产品	4	1.0
第 7 类	39—40	塑料、橡胶	3	0.8
第 13 类	68—70	陶瓷;玻璃	2	0.6
第 18 类	90—92	光学、钟表、医疗设备	1	0.3
第 1 类	01—05	活动物;动物产品	1	0.3
第 20 类	94—96	家具、玩具、杂项制品	1	0.2
		其他	1	0.3

数据来源:摘自商务部 2015 年发布的《国别贸易报告:希腊》中的表 15。

表 5-22　2014 年中国向希腊出口主要商品构成(类)

金额单位:百万美元

海关分类	HS 编码	商品类别	2014 年	占比(%)
类	章	总值	3311	100.0
第 16 类	84—85	机电产品	1147	34.7
第 15 类	72—83	贱金属及制品	377	11.4
第 17 类	86—89	运输设备	364	11.0
第 20 类	94—96	家具、玩具、杂项制品	347	10.5

续表

海关分类	HS 编码	商品类别	2014 年	占比(%)
类	章	总值	3311	100.0
第 11 类	50—63	纺织品及原料	282	8.5
第 12 类	64—67	鞋靴、伞等轻工产品	162	4.9
第 7 类	39—40	塑料、橡胶	160	4.8
第 6 类	28—38	化工产品	95	2.9
第 8 类	41—43	皮革制品;箱包	78	2.3
第 18 类	90—92	光学、钟表、医疗设备	65	2.0
第 13 类	68—70	陶瓷;玻璃	59	1.8
第 10 类	47—49	纤维素浆;纸张	54	1.6
第 1 类	01—05	活动物;动物产品	33	1.0
第 2 类	06—14	植物产品	26	0.8
第 9 类	44—46	木及制品	24	0.7
		其他	39	1.2

数据来源:摘自商务部 2015 年发布的《国别贸易报告:希腊》中的表 16。

第五节 宁波建设“一带一路”区域性国际贸易中心城市面临的挑战

在全球经贸格局的激烈变化中,宁波建设区域性国际贸易中心城市具有重大战略意义。宁波建设区域性国际贸易中心城市具备一定有利条件,同时也面临许多制度性瓶颈,必须进行改革创新,方能实现建成区域性国际贸易中心城市的战略目标。

一、城市经济能级不高、带动力不强

1. 城市经济实力不足

长期以来,宁波经济呈现以县域经济为主的格局,但近年来县域经济转型提升较慢,对城市地位支撑作用弱化,其中一个重要原因是城市经济实力不足、带动力不强。与同类城市相比,宁波城市经济的规模化、高端化、集群化等都有待提升,市级调控能力较弱,不能有效提升县域经济优势,不能做

到市域统筹、整体谋划，这对提升中心城市地位有较大制约。

2. 重大支撑要素合力有待强化

一方面，海港、航空港、信息港发展不够协调，存在海港和信息港优势较为明显、空港发展相对滞后的结构性矛盾，空港的基础设施水平、整体规模、物流集散能力以及增值服务功能等亟待大力提升。另一方面，国际港口、贸易口岸、交通枢纽、市场体系和开放平台等五大要素之间的联系与对接互动不足，尚未形成支撑合力。比如，港口与城市的交通、贸易、市场联通不够，这既造成了港口综合配套、产业服务能力、资源要素配量功能的相对滞后，也使得港口对城市辐射带动能力弱化，城市的高端要素与港口的优质资源之间不仅难以产生乘数效应，甚至是连加数效应也不够明显。

3. 服务业配套能力相对落后

国际贸易中心城市具有以服务业为主的产业结构体系，都面临着产业结构全面调整与转型的要求，以适应城市经济持续发展的需要。从表 5-23 可以看出，服务业在主要国际贸易中心城市生产总值中所占的比重都在70%以上。

表 5-23 主要国际贸易中心城市服务业增加值占地区生产总值比重

单位：%

	2008 年	2009 年	2010 年	2011 年	2012 年	2013 年	2014 年
纽约	88.98	88.85	89.33	89.39	89.57	—	91.70
伦敦	89.68	90.51	—	—	—	—	90.90
新加坡	65.54	64.32	64.19	64.19	64.92	70.20	70.40
香港	87.82	88.40	90.92	91.52	93.10	92.90	92.70
北京	75.36	75.53	75.11	76.07	76.46	76.90	77.90
上海	56.00	59.40	57.30	57.90	60.00	62.20	64.80
宁波	40.40	42.30	40.20	40.51	42.50	43.50	44.60

20 世纪 70 年代，伦敦的制造业开始衰退，80 年代伦敦产业结构重新调整后服务业产值占 GDP 的 88%，其中金融服务业与商业服务业历来是伦敦的强势产业，占比 40%以上。纽约在早期的发展中，凭借工业基础成为全球制造业中心。20 世纪七八十年代，随着商务成本的上升，制造业逐渐退出城市中心区域，纽约以证券为首的金融服务业以及其他支撑制造业发展的基础服务业开始取代传统制造业，成为引领城市经济的主要动力。2014 年，在

纽约的 GDP 构成中，服务业占到了 90.9%。1985 年“广场协议”以后，日元兑美元的汇率重新定价，日元出现了一路高涨的局面，以贸易摩擦为代表的出口贸易问题不断困扰日本的产品出口。此外，新加坡、韩国以及其他一些东南亚国家的出口贸易兴起，对日本的贸易出口构成了极大的威胁，于是大量的制造类企业向中国及东南亚等国家转移其生产工厂。经过产业调整后，东京第三产业的比重超过了 85%，其中批发零售业位于各行业之首，个人与商务服务业所占比重为 20.32%，仅次于批发零售业。新加坡的服务业在 20 世纪 70 年代后期不断壮大。2012 年新加坡服务业产值占 GDP 的 64.92%，交通与通信、商务服务及金融服务在 GDP 中的比重接近 40%。香港地区的服务业在 1980 年已接近 67%，2000 年之后已超过 85%，涉及金融、保险、商贸、航运、物流、旅游、法律、教育培训、中介咨询、公关、电子信息网络等诸多领域。

2014 年宁波第三产业实现增加值 3391.76 亿元，服务业增加值占地区生产总值的 43.5%，而同期上海第三产业增加值为 13445.07 亿元，宁波服务业增加值为上海服务业增加值的 1/4、香港的 1/16、东京的 1/40。2014 年宁波全市商品销售总额 1.44 万亿元，商品销售总额为上海的 1/4，不足纽约的 1/24。从服务业占比看，宁波服务业增加值占地区生产总值的比重也偏低，约为 44%。在一些典型的区域性国际贸易中心城市中，服务业已成为经济主体，就业也主要集中在服务业。如表 5-23 所示，在相应的统计年份，除新加坡服务业就业比重(71%)略低外，纽约(90.3%)、伦敦(90.9%)都高于 80%。在这些城市中，尤其是高端服务业如金融保险、科技服务业等的比重常常达到 70%以上，如纽约、伦敦。

4. 专业产品中心市场或核心交易平台缺乏

从国际经验来看，成为国际贸易中心的城市在贸易功能方面既有综合性的(如纽约、东京)，也有专业性的(如巴黎的时装、化妆品交易，比利时的钻石交易，等等)。就我国来讲，义乌的小商品交易市场、郑州的粮食交易市场等也无可争议地使它们占据了某一专业领域的贸易中心地位。至 2014 年 12 月 31 日，宁波全市共有各类市场 808 个，其中商品交易市场 781 个，生产要素市场 4 个，网上交易市场 23 个。商品交易市场包括消费品市场 669 个，生产资料市场 105 个，服务市场 7 个。宁波目前有一些专业产品在市场交易活动中相对突出(如余姚塑料城等)，但都还未在这些专业产品领域形成中心交易市场或核心交易平台。

二、国际贸易发展质量有待进一步提升

1. 货物进出口规模与一流城市相比还有较大差距

从口岸情况看，2014 年宁波全市口岸进出口总额 2186.1 亿美元，同比增长 3.1%。2014 年，上海口岸贸易额 11413.7 亿美元，同比增长 6.3%，其中出口 6772.6 亿美元，同比增长 6.5%；进口 4641.1 亿美元，同比增长 6%。同期，香港贸易额为 11248.9 亿美元，同比下降 2.8%。新加坡 2013 年贸易额为 7834.9 亿美元，2014 年 1—10 月进出口额为 6582.6 亿美元，同比增长 0.4%，预计全年进出口额约为 8000 亿美元。相比而言，宁波口岸贸易额约为上海和香港的 1/5、新加坡的 1/4。从与国内其他口岸的比较情况来看，宁波口岸进出口贸易额居全国第 7 位（香港未统计在内）（见表 5-24），约为第一梯队上海和深圳的1/4，为南京和青岛的 2/3，且增幅仅为 2.1%，远低于青岛（6.1%）、黄埔（7.9%）和天津（5.3%）。从外贸自营进出口总额看，2014 年宁波实现 1047.0 亿美元，其中出口 731.1 亿美元，进口 315.9 亿美元。2014 年上海自营进出口 4413.98 亿美元，其中进口 2371.54 亿美元，出口 2042.44 亿美元。宁波自营进出口约为上海的 1/4，可见宁波与国内外一流区域性国际贸易中心城市还有较大差距。

表 5-24 2014 年国内重要口岸进出口情况

城市＼指标	进出口总额（千美元）	比上年增长（%）	出口（千美元）	比上年增长（%）	进口（千美元）	比上年增长（%）
上海	863037006	5.2	522939621	3.7	340097385	7.5
深圳	765175652	－13.1	469803387	－10.3	295372265	－17.3
南京	339475444	－0.9	158451564	5.4	181023880	－5.8
青岛	308272846	6.1	142366094	14.7	165906752	－0.3
黄埔	250249307	7.9	140641064	12.0	109608243	2.9
天津	228504485	5.3	109797892	9.1	118706592	2.1
宁波	218575960	2.1	144946445	7.1	73629515	－6.6
广州	166166318	20.6	103855824	29.9	62310493	7.6
厦门	128949152	7.3	78536754	4.4	50412397	12.2
大连	127058025	2.0	57676990	3.0	69381036	1.2

数据来源：海关统计资讯网。

2. 转口贸易不发达

从新加坡、日本、英国等贸易强国的崛起轨迹看，贸易方式多元化是其成功的重要原因。伦敦、鹿特丹有数百年转口贸易历史，"二战"后新加坡、日本以及我国香港等地转口贸易发展迅速，数量以千亿美元计，并成为这些地区对外贸易的一个重要组成部分。作为区域性国际贸易中心城市的香港和新加坡，转口贸易非常发达(见表 5-25、表 5-26)。2014 年，香港转口贸易额达到 36174.68 亿港元，占香港出口贸易额的 98.49%；新加坡的转口贸易额为 2251 亿元，占新加坡出口贸易额的 44%。而 2011 年宁波的转口贸易额为 29.33 亿美元，仅占出口贸易额的 4.8%。因此，宁波转口贸易发展与先进国际贸易中心城市相比还有很大差距。

表 5-25　2012—2014 年香港国际贸易发展情况

	进口		港产品出口		转口		整体出口		转口贸易占比(%)
	总额(百万港元)	同比增长(%)	总额(百万港元)	同比增长(%)	总额(百万港元)	同比增长(%)	总额(百万港元)	同比增长(%)	
2012年	3912163	3.9	58830	−0.4	3375516	3.2	3434346	2.9	98.29
2013年	4060717	3.8	54364	−7.6	3505322	3.8	3559686	3.6	98.47
2014年	4219046	3.9	55283	1.7	3617468	3.2	3672751	3.2	98.49

数据来源：香港特区政府统计处。

表 5-26　2001—2007 年新加坡转口贸易发展情况

	2001 年	2002 年	2003 年	2004 年	2005 年	2006 年	2007 年
总出口额(百万美元)	218026	223901	278578	335615	382532	431559	450628
转口贸易额(百万美元)	99582	104464	128020	155415	175084	204181	215725
占比(%)	45.7	46.7	45.8	46.3	45.8	47.3	47.9

数据来源：新加坡统计局。

3. 出口市场过于集中

从贸易市场结构来看，新加坡出口最大的三个国家合计出口额占新加坡全部出口额的 34%。宁波的出口市场集中在欧盟、日本和美国(见表 5-27)。2014 年宁波市分别对欧盟、美国和东盟进出口 1376 亿元、1048 亿元和 533.2 亿元，同比分别增长 9.7%、7.6%和 4%，三者合计占同期全市外贸总额的 46%。由此可见，宁波货物出口市场集中程度远高于新加坡。

表 5-27 2008—2014 年宁波出口市场分布情况

市场分布		2008 年	2009 年	2010 年	2011 年	2012 年	2013 年	2014 年
亚洲	金额（万美元）	1450261	1262992	1559801	1857545	1887905	2033716	2243657
	比重(%)	31.3	32.7	30.0	30.5	30.7	30.9	30.7
欧洲	金额（万美元）	1627232	1266018	1757681	2012794	1853056	1988768	2239063
	比重(%)	35.1	32.8	33.8	33.1	30.2	30.3	30.6
北美洲	金额（万美元）	854627	746264	1034205	1192375	1406621	1320751	1616160
	比重(%)	18.4	19.3	19.9	19.6	21.4	21.5	22.1
拉丁美洲	金额（万美元）	334182	334182	419562	534138	565966	572066	590919
	比重(%)	7.2	7.2	8.1	8.8	9.2	8.7	8.1
非洲	金额（万美元）	222903	194823	239464	298086	315709	358853	398031
	比重(%)	4.8	5.0	4.6	4.9	5.1	5.5	5.4
大洋洲	金额（万美元）	143433	129975	186032	188220	210997	201138	223072
	比重(%)	3.1	3.4	3.6	3.1	3.2	3.3	3.1

数据来源：宁波市商务委员会。

4. 服务贸易发展相对滞后

2013 年香港地区服务贸易总额为 1975.74 亿美元，占全部国际贸易额的 16.7%。宁波服务贸易统计数据匮乏，但就旅游业看，2013 年宁波旅游业创汇 7.97 亿美元，占全部贸易额的 0.79%。此外，目前宁波三次产业之比为 3.6∶51.8∶44.6。服务业增加值占 GDP 的 44.6%，而上海服务业增加值占 GDP 比重达到 62.2%，纽约等国际贸易中心城市均超过 70%，宁波与它们相比还有不小差距。宁波的商检、报关、货代、理赔、会计、物流等服务行业发展不足；与国际贸易有关的产品研发、电子商务、展贸平台等多元经济和衍生产业的发展不够；在实行国际通行惯例和规则，以及国际贸易的人才培训、教育方面，宁波都存在不少发展瓶颈，需要尽快突破。

5. 外贸主体能级亟待提高

过去几年引领宁波工业发展的石化、钢铁等大工业，如今陷入低谷，成为拖宁波经济后腿的大户；汽车、修造船、机械设备等市场形势也走低；纺织服装、塑料制品等宁波的传统优势产品市场疲软。同时，宁波缺乏具有全球影响力的开放平台，比如，广州依托"广交会"打造形成了具有国际影响的"订单交易中心"，为其成为全球性国际贸易中心城市提供了强有力的支撑，而宁波虽有制造业、国际贸易等优势，但尚未形成具有全球影响力的综合采购交易中心。

宁波支撑门户建设的新主体、新优势培育相对滞后，尤其缺乏具有门户功能的国际化、支柱型、标志性的总部企业，宁波亟须培育发展一批诸如华为、腾讯和阿里巴巴等具有较大产值规模、较好辐射带动能力、较强资源配置能力的门户型企业。上海、深圳进出口规模遥遥领先于宁波，其中一个重要原因是拥有一大批实力雄厚的外贸大企业和网络遍及全球的跨国公司分支机构，上海、深圳具备吸纳这些大企业、跨国公司的商贸环境和城市影响力。宁波依托民营经济、块状产业等本土优势，实施"人海战术"，形成了"民营企业千军万马做外贸"的独特格局，并在粗放式、以劳动密集型为主要特征的外贸发展模式中取得了快速发展，但进入集约式、以技术密集型和资本密集型为主要特征的外贸发展新阶段，民营企业已力不从心，发展困难重重。因此，提升企业能级，增强全球资源配置能力，成为宁波外贸发展的重要方向。

6. 贸易集散功能还不完善

首先，宁波的市场定价和资源配置能力相对较弱，大宗商品基本没有体现定价话语权。其次，宁波区域性国际贸易中心城市建设仍面临不少瓶颈和问题，贸易流通规模有待扩大，贸易能级有待提升，国际化营商环境有待改造。再次，宁波尚未形成真正具有集聚力和辐射力的网络核心优势。贸易活动的基本要求是渠道网络的广达和通畅。作为贸易中心，其必然是对广达通畅的渠道网络具有实际控制能力的网络核心节点。传统的贸易活动主要是面对面的实物交易，对交通运输条件的依赖性很强，一些水陆交通的枢纽地区往往就自然成为网络节点，形成了贸易中心。宁波在历史上之所以能成为商贾云集之所，就是由于其濒江临海，地处中国黄金海岸线的中部，独具交通便利之区位优势。然而，现代贸易活动大多依靠信息网络来进行，并可实现高度的商物分流和远程交易，对交通运输条件的依赖性大大下降，而对信息网络和客户关系的依赖性则大大增强。然而自从计划流通体制被打破以后，宁波商贸流通企业在重新开拓和建立全国流通网络方面举步维艰，成效甚微；在信息网络和远程交易技术方面也不具有领先优势。

三、提升中心城市地位的难度进一步加大

国务院赋予宁波长三角南翼经济中心城市的定位，这也是宁波建设现代化国际港口城市的内在要求。随着城市群和各类中心城市的加速发展，区域竞争日趋激烈，目前宁波城市经济能级总体不大，传统发展优势的支撑力在减弱，最突出的是缺乏强有力的新兴增长极，与同类城市相比，发展速度趋缓，巩固提升中心城市地位的难度进一步加大。

第一，国内城市竞争日趋激烈。在上海财经大学现代服务经济研究院发布的"2013中国城市国际贸易竞争力评价"中，排名前十的城市依次是香港、上海、深圳、广州、北京、苏州、澳门、宁波、天津和杭州。如果将中国城市国际贸易竞争力表现描绘成一个"金字塔"结构的话，那么香港、上海、深圳三个城市则位于"金字塔"的顶端。该指数显示，香港的竞争优势显著，其他城市难以望其项背。香港是与纽约、伦敦、东京、巴黎比肩的国际性城市，也是世界公认的国际贸易中心、国际金融中心和国际航运中心。香港地理位置得天独厚，拥有诸多天然深水良港。最关键的是，香港是世界上经济自由度最高的经济体之一，设计了贸易自由、投资自由、经营自由、融资汇兑自由等一系列制度安排。这些因素使香港在多年的竞争中始终保持活力。目前，上海已经粗具国际贸易中心的基本条件，外贸总额、港口货物吞吐量、集装箱吞吐量位居首位，正处在国际贸易中心建设的关键阶段。

第二，宁波经济地位有降低趋势。一方面，环渤海、长三角、珠三角和海峡经济区等新一轮开放战略部署基本确定，重点城市新的开放格局基本形成，宁波在长三角和国家改革开放中的战略地位有所弱化。目前浙江省有浙江海洋经济发展示范区、舟山群岛新区、义乌国际贸易综合改革试点、温州金融综合改革试点四大国家战略，面对日趋激烈的开放门户区域竞争，宁波的城市地位和综合实力优势并不明显，主体性也不突出。另一方面，宁波的开放作用有待增强，门户地位有待提升，对国家和长三角区域对外开放战略实施的影响力，以及对周边城市的辐射带动能力有待增强，尤其是随着国家对外开放力度的进一步加大，浙江省内的杭州、台州等城市和省外的南京、苏州等城市都在打造开放大平台，城市之间的竞争将更加激烈。

四、生态状况有待改善

现代化国际贸易中心城市必须是生态型城市和幸福家园。当前人民群众对生态环境的关注度迅速上升，宁波临港重化工业比重较高的产业结构、局部粗放的产业发展方式与民生改善、生态环境之间的矛盾越来越明显。

一是生态尚未得到根本性改善。2014年宁波市中心城区环境空气质量Ⅰ级(优)86天，Ⅱ级(良)216天，Ⅲ级及以上(污染)62天，空气质量优良率为83%，低于环境模范城市优良率85%的考核要求。全市平均酸雨率从2001年的73.1%上升到2014年的83.8%。从县(市、区)看，象山、老三区、奉化、镇海等地的酸雨发生频率较高。平原河网地区水质优良率和功能达标率仍普遍较低。此外，土壤、海洋、噪声和城市垃圾等环境问题也逐渐显现。

二是生态改善与产业发展相互制约的矛盾明显。宁波是重要的能源原材料基地和重化工业基地，临港工业规模大，全市能源消费中化石能源比例一直在98%以上，产业发展带来较高的污染排放量，使宁波面临巨大的生态指标考核压力和生态环境承载压力。反过来，生态环境的制约也使宁波面临着临港大工业如何发展、往什么方向发展等课题。

三是环境改善跟不上群众迅速提升的环境诉求。环境改善是一个循序渐进的过程，而目前群众对环境问题的敏感度、对环境质量的期望值正在迅速提高。

五、部分领域体制机制与发展要求仍不相适应

当前宁波在开放型经济、民营经济、社会主义市场经济等领域的体制机制优势正在弱化，需要转化或再创新优势，新形势新情况下许多领域的体制机制障碍仍在不断产生，更多领域的体制机制急需突破，体制创新的速度和力度与建设现代化国际港口城市建设要求还不相适应。

一是区域发展体制机制的障碍。比如，区域管理体制还难以有效做到财权与事权相统一，难以有效协调好增强市级调控力和发挥县(市、区)积极性两者的关系；特殊监管区还缺乏有效整合与优化提升的体制机制，整体优势无法发挥；市域重大功能平台之间及其与周边区域协调发展的体制机制不完善，导致功能平台服务带动力不强。

二是新型城市化和城乡一体化的体制机制障碍。比如，各级各类规划的协调机制还不健全，使现代都市建设规划的约束性降低；“卫星城”、中心镇面临着管理、建设和产业发展等多方面制度制约；户籍管理、公共服务、产权交易和要素流动、外来人口管理等城乡一体化制度改革仍面临较多制约。

三是城市国际化的体制机制障碍。比如，经济国际化制度创新有待突破，推进高层次国际合作的机制缺乏，招商引资的体制机制有待健全和统一，社会人文国际交流合作与经济国际化的联动机制有待创新，与国际接轨

的政务、法制和涉外管理等制度有待完善，等等。

四是港口、城市、产业与环境、要素之间互动协调发展的体制机制障碍。比如，港航服务体系、港口合作发展的体制机制还有待创新；安全高效的现代都市投融资体制机制有待创新和完善；产业转型升级的制度创新难度加大，创新能力培育机制还不完善；生态规划、污染防治、生态补偿、资源交易和环境监管等生态文明制度体系还不完善；人才、土地、资金、能源等资源要素保障制度创新难度进一步加大……

第六章　宁波建设“一带一路”区域性国际贸易中心城市的战略

在国际贸易中心建设与发展的历程中，世界主要的港口城市如纽约、伦敦、东京、香港、上海均取得了丰硕的成果，积累了丰富的经验，这为宁波区域性国际贸易中心城市的建设提供了非常有价值的参考和现实范本。宁波在区域性国际贸易中心城市建设的过程中，结合自身经济、社会等各方面特征，充分借鉴国内外相关成功经验，对加快区域性国际贸易中心城市建设进程具有重要意义。

第一节　国内外城市建设国际贸易中心的经验与启示

一、国内外主要城市建设国际贸易中心的经验

（一）纽约

纽约是国际贸易四大中心之一，也是较早成为全球贸易中心的国际大都市，在长期的国际贸易中心建设及发展过程中，纽约积累了丰富的值得借鉴的经验。

1. 先进的航运业促进商品流通

四通八达的航运是国际贸易中心必备的功能。作为纽约航运业发展的重要载体，纽约港一直以来都是世界级的国际航运中心。纽约在港口制度建设方面的一个有效措施就是跨行政区建立港务局，实施港口管理一体化。纽约港的纽瓦克湾港区属新泽西州，其他都属于纽约市。为了避免纠纷，从

1921 年起即由两州共设港务局，共同组成管理委员会。港务局拥有很大的经营管理自主权和土地使用权，不仅管理港区、码头，还负责管理火车站、机场、水下隧道和汽车站；不仅负责管理运输，而且还负责管理两座贸易大厦。统一规范的管理大大提高了港口的集散能力。同时，纽约港还具有与航运相关的完善的商务金融服务体系。四通八达的航线和完备的服务体系吸引了世界各国船只挂靠纽约港。另外，纽约国际航运中心大力实行自由贸易区政策，保税仓储、保税加工、货物配送、资金自由流动以及低税制政策，增强了对船东、货主的吸引力，使其港口功能不再局限于物资流通，更延伸至繁荣国际贸易、增强国际航运中心辐射及聚集功能。

2. 强大的金融业保障结算通畅

纽约作为世界级国际航运中心的同时，也是世界上最重要的国际金融中心之一。在纽约，商业银行、储蓄银行、投资银行、证券交易所及保险公司等金融机构云集，同时具有不计其数的外国银行分支机构，是世界外资银行最多的一个城市。纽约拥有完善的金融市场结构，相对开放、自由的市场体系，包括了多层次金融市场、货币市场、保险市场、票据市场、期货市场、外汇市场、黄金市场和衍生金融工具市场。纽约庞大完善的金融体系以及金融中心建设不仅引领全球金融市场，同时影响着世界金融交易、结算、储备等金融和资源产品的走势。尤其是纽约在 1981 年离岸金融相关制度的建立，为全球化的贸易提供了更加便捷的资金流通。同时纽约实行较少的外汇管制，自由货币兑换，几乎所有银行和金融机构都可以经营外汇业务，美元能够自由兑换世界任何国家货币，这使得全球金融资本能够自由进出纽约，大大推进了纽约国际贸易中心的发展进程。

3. 自由贸易政策促进贸易开放性

纽约国际贸易中心的建设与发展根本上源于美国对自由贸易理念的推崇，以及在此指导思想下所推行的一系列保障措施。20 世纪 30 年代，其自由贸易政策主要体现在关税水平的降低上，随着国家实力的不断增强，其自由贸易政策的措施更加深入到非关税壁垒领域。在随后的发展中，尽管也曾提出和推行“公平贸易政策”以及“战略性贸易政策”，但自由贸易政策一直以来都是美国对外贸易的核心政策。纽约传统的国际航运地位，合理的国际贸易发展模式，高度发达的国际金融中心及其创新而又不失规范的监管体系使其在国际贸易中心的发展进程中一直处于领先地位。纽约拥有发达的信息资讯行业，良好的金融基础设施，高质量的清算系统，高效率的会计师事务所、律师事务所、评估机构等，同时又是世界领先的两大国际法律服务中心之一；纽约利用公立大学的教育优势，大力培养优秀的专业人才。各方面的综合措施都为纽约国际贸易中心的发展提供了保证。32个中国最大公司中，超过一半在纽约大都会地区设有办事处。这些公司代表的行业包括航运、钢铁、能源和制造企业等。2014年，纽约市对外贸易出口额达到了1053亿美元。

（二）伦敦

作为国际贸易中心，纽约的发展主要得益于其开放的贸易环境以及优越的硬件设施建设，而伦敦作为国际贸易中心的发展则更多地建立在其完善的商业、法律、规章制度基础之上。作为西方法律和商业制度的主要发源地，历史上几乎所有重大的商业纠纷的调查处理中均可以发现伦敦的足迹。可以说，伦敦对国际贸易的法律贡献是其他城市无可替代的。

1. 完善的商事仲裁制度

英国在2011年关于伦敦国际争议解决中心的报告中指出，其每年通过仲裁和调解途径解决的商事纠纷达到1万余件，其中绝大多数是国际案件，并且其争议解决地均首选伦敦。该报告将此归功于英国完善的仲裁调解等纠纷解决体系。伦敦有许多著名的仲裁机构和调解组织，例如：伦敦海事仲裁员协会（LMAA）、皇家御准仲裁员学会（CIA）、伦敦国际仲裁院（LCIA）、国际争议解决中心（IDRC）和有效解决纠纷中心（CEDR）等。这些组织和机构为英国仲裁调解制度的发展作出了巨大贡献。

为了发展和完善仲裁纠纷制度，作为世界上最早颁布仲裁法的国家之一，英国于1889年制定了第一部《仲裁法》，在其后的数十年间，结合时代发展特征对其进行了不断的修订完善，并且在1950制定了新的《仲裁法》。其后，为了满足《纽约公约》的要求，1979年对《仲裁法》进行了重大修订，并于1996年又制定了新的《仲裁法》。1996年《仲裁法》对仲裁实施了重大变革，扩大了仲裁的受案范围，强化了当事人意思自治，减少了法院对仲裁的幕后干预，赋予仲裁员更多的自由裁量权。在坚实强大的法律后盾支持下，伦敦国际仲裁院、伦敦海事仲裁员协会等一批世界著名的仲裁机构应运而生，为伦敦内外经济贸易的发展作出了突出贡献。

2. 严格的金融监管法律

为了保护交易各方当事人的权益，英国颁布了一系列法律法规来调整和规制伦敦证券交易，如《1986年金融服务法》《1987年银行业法》等。完善的法律法规保障了伦敦证券交易的有序发展，在伦敦股票交易所上市的外国公司的数量超过世界上任何其他的交易所。相比较于纽约(16%)、东京(9%)、新加坡(6%),伦敦集中了全球外汇收入的1/3,伦敦金融城承揽了全球36%业务量的场外衍生金融产品,近500家外国银行在伦敦金融城营业,经营着全球20%的国际银行业务。伦敦金融城拥有全球最大的黄金交易市场和有色金属交易市场。伦敦金融城另外一个主要组成部分就是以劳合社为代表的伦敦保险市场。它是世界保险和再保险中心,有100家左右的跨国保险公司在此营业,其中世界航空保险业务的31%和水险业务的20%都集中在这个市场。完善的金融监管制度打造了全球重要的国际金融中心,为国际贸易中心的建设提供了金融结算保障。

3. 强大的行业协会制度

庞大而有效的行业协会是伦敦作为国际贸易中心的象征之一。伦敦的行业协会不仅是权威的贸易中介机构,而且也作为独立的第三方广泛参与商业仲裁和监管。伦敦的行业协会活跃在政府与企业之间,既是企业的代言人,也是帮助政府治理和监管经济贸易不可或缺的重要力量。

在英国,行业协会的发展主要依靠法律背景下制定的惯例规范,但其自身并不具有法律性质,协会及商会的发展完全依赖于行业自律性的建设,自我管理,政府不直接干预。英国的行业协会主要有三种类型,其中最为典型的是综合性的行业组织,如伦敦地区最大的商业性协会——伦敦工商会,作为独立于政府之外的非营利性组织,其与英国贸工部、国际贸易局等国家外贸部门均保持着密切的联系,具有很强的游说作用,在英国政界和商界均很有影响,被视为“伦敦商业的喉舌”,对政府内外经贸政策的制定以及实施具有很强的影响力。伦敦工商会下设出口单证、国际贸易、政策研究、信息中心、营销、信息技术、会员、财务等部门,职能全面系统,不仅可出具原产地证书、进口证、信用证,还可提供进出口业务咨询,组织出访代表团,接待国外代表团来访,组织境外展览会、国内外研讨会及提供翻译服务等。庞大的组织机构,完善的职能体系,为伦敦工商业者开辟国际市场、参与国际竞争奠定了良好基础。另外,英国还拥有专门针对茶叶、黄麻、可可豆、油籽、羊毛等同业会所设置的为数众多的行业性仲裁机构。作为专业性的纠纷解决机构,行业仲裁费用低、耗时短等优势使其成为伦敦国际贸易中心飞速发展不可或缺的辅助力量。

(三)东京

处于东亚格局核心地位的日本,其首府东京在东亚经济对接世界经济中起着重要的枢纽作用。东京在国际贸易中心的建设中逐渐形成了具有自身特色的发展道路，归纳起来，主要体现在以下几个方面。

1. 自由化的对外通商政策

日本经济能够在战后迅速崛起，主要得益于美国的亚洲外交战略思想和对日本的扶持政策。1952 年，日本在美国的支持下加入国际货币基金组织（IMF），并在 1955 年加入关税与贸易总协定（GATT），开始正式融入美国主导的自由贸易体制。1960 年，日本政府发布《贸易及汇率自由化计划大纲》，并制定了相关的"促进计划"，开始了日本自由贸易的里程。20 世纪七八十年代的日本经济中，政府在对外经贸往来中的参与力度较高，使得经贸活动受诸多非市场经济因素影响，日本与欧美国家间的经贸摩擦不断。但是，国际贸易组织成立之后，多边框架下贸易自由化的实施，促使日本有针对性地修订了贸易相关法律法规和政策制度，这为东京国际贸易中心的建设提供了重要前提和基础。在 1997 年之前，东京对外贸易的重心主要是欧美国家，受 1997 年亚洲金融危机的影响，其对外贸易的阵地逐渐向亚洲转移扩大，这也充分体现了日本贸易自由度的不断加强，对外贸易合作伙伴的全球化、多极化为东京国际贸易中心地位的加强提供了最初始也最关键的基础要素。

2. 产业为后盾的贸易制度

20 世纪 80 年代以来，日本在经济全球化和经济一体化发展背景下，旧产业政策的作用环境发生了很大的变化，产业政策的目标设定及政策手段的选择难度加大，其扭曲市场机制、妨碍企业间有效竞争的负面效应逐渐显现。已经习惯于政府产业政策保护的企业忽视了市场竞争对于企业可持续发展的重要意义，而政府产业政策的实施在保留了政府与企业关系的同时，却妨碍了市场机制的有效运转。为规范竞争秩序，政府开始调节资源在产业间和产业内的分配问题，实现资源的有效配置和经济稳定发展。另外，政府引入有效竞争机制，重点协调企业间的竞争关系。政府的有效干预促进了经济的高速稳定发展，使日本经济飞速崛起。东京国际贸易中心的发展，则得益于日本全局性的产业发展制度，这一不断更新的产业制度使东京世界枢纽性城市的地位得以确立。日本政府甚至推行"东京一极"（东京的极端集中化）的通商政策，通过东京产业和贸易的集中化推动日本经济的整体发展。通过强调东京在经贸领域的国际竞争力，为日本在亚洲和全球的经济贸易网络提供据点。

3. 便利化的物流设施

20世纪80年代的经济危机，使日本经济逐渐从石油化工等重工业向软件信息等产业转变，丰富的港湾资源也开始被赋予促进城市功能活化的功能。随后，日本的物流制度逐步更新，为东京国际贸易中心的功能完善提供了强有力的支持，保证了东京乃至整个日本经济的发展。日本物流业的发展先后经历了以生产、市场营销、消费者为出发点的不同阶段，期间，采取重点区域发展的策略，在中枢国际港湾如东京湾、伊势湾、大阪湾、北部九州港湾建设完善的港口物流设施和信息通信基础设施，加强港湾的管理工作，并实施"港湾设施的出入管理、设施的内外监视、设置保安照明及监视摄像、选任安保管理人员、健全货物销售管理、设置限制区域等"严格的管理制度。而软件方面，则主要体现在日本的贸易扶持政策、产业政策以及自由化的贸易环境。软、硬件设施的结合以及有效的贸易政策促进了东京的国际贸易中心城市建设，使其成为国际上至关重要的国际贸易中心城市。

(四)香港

香港作为国际贸易中心、国际金融中心和国际航运中心，拥有邻近很多国家和地区无法替代的优越地位。以吞吐量计算，香港的货柜(集装箱)港口是全球最繁忙的货柜港口之一；以乘客量和国际货物处理量计算，香港国际机场是世界最繁忙的机场之一。

1. 独特的离岸金融制度

2004年1月1日，《内地与香港关于建立更紧密经贸关系安排》实施，随后，香港持牌银行开始经营个人人民币业务，这标志着香港人民币离岸中心的初步形成，将为两地金融合作带来双赢局面，进一步巩固了香港国际金融中心的地位。香港离岸金融监管为内外一体型，境内金融市场和境外金融市场的业务融为一体，资金出入境不受任何限制，入境资金不需要缴纳存款准备金，其收益也不纳税。在离岸金融市场上，居民和非居民均可以从事各种货币的存款和贷款业务，银行的离岸业务与在岸业务、内地业务之间也没有严格的界限，均合账处理。金融机构具有高度的经营自由，其对境内市场几乎完全开放。

2. 宽松的"不干预政策"

香港国际贸易中心地位的不断提升，很大程度上在于香港特区政府一贯奉行的"积极的不干预政策"。除了注重基础设施建设中公共职能的发挥之外，香港特区政府对其经济发展从来没有制定过具有约束力的计划。在经济发展中，香港特区政府有自身明确的定位，即建立一个适当而稳定的体制，将市场还给市场，使工商业活动尽可能在最少干预、最大支持的情况下有效进行。特区政府在工商制度、政策的制定上严格秉承公平竞争的原则，尽力建立世贸组织奉行的以规条为本的多边贸易制度，有效引入竞争机制，促进自身工商企业竞争力的提升。为配合不干预政策的实施，配套推行自由经济和开放的自由港政策，并广泛推行低税制。香港财政政策规定：有限公司的营业税为16.5%，非有限公司的营业税为15%。甚至，香港特区政府连关税也不收。这一切都为香港国际贸易中心的建设创造了宽松的制度环境。

3. 充满活力的自由港制度

促进香港国际贸易中心地位建立的另一重要因素是其自由港制度的建立。香港特区政府长期推崇自由经济政策，其自由港制度是世界上实施最为彻底的。一方面，除为履行国际义务及维护香港安全对贸易实行必不可少的管制外，其他进出口贸易都不受管制，享有极为广泛的自由空间。另一方面，除对烟、酒、甲醇、碳氢油、化妆品和若干不含酒精饮品这六类商品征收进口关税及消费税（若为转口或加工后再出口，则可退税）外，对其他一般商品的进出口均不收关税，而只征收0.05%的从价税用于支持香港贸易发展局发展，进出口贸易门槛极低。再者，除少数受贸易管制的商品需进行事前申请并获批准后才能进出口外，一般商品的进出口无须报批，办理的手续只需于14天内向香港海关递交一份填写完整的报关表即可，进出口手续极为简便。此外，外来船舶免办进港申请及海关手续，实行非强制引水，关检及卫检手续简便，并豁免港口行政费，物流体系流畅。香港的自由港制度还表现在对企业的管理方面。自由的市场进入制度、居民待遇制度（不管是本地还是外地，资产所有者为集体或私人，均享受一视同仁的“居民待遇”，不因身份不同而歧视或偏袒）以及完全自由的资本流通制度都使得香港成为世界上自由度、开放度较高的国际贸易中心城市。

4. 活跃的贸易服务提供商

本地贸易中间商和跨国公司区域总部成为香港主要的贸易服务提供商，是香港贸易中心的基础。香港贸易中间商通过契约关系建立起贸易商与制造商之间的长期合作关系。这种商业关系不是一两年能够形成的，而是需要相当长的商业合作。香港目前有15000家制造商的基地，这些公司一般也进行贸易活动，并由内地约55000家大部分位于珠三角的工厂负责相关的生产活动。同时，这些港商都保留设于香港的总部，负责控制及统筹各方面的贸易支援服务，包括销售、市场推广、财务及行政。因此，由于内地在20世纪90年代以后港口设施和吞吐能力迅速提高，使原来通过香港口岸进出的货物现在只需要通过内地的港口。香港贸易中间商的另外一个主体是跨国公司在区域的总部。香港已经吸引了数千家跨国公司在港设立亚太地区总部，香港岛的中环区就是总部聚集的区域。根据香港特区政府统计，截至2015年6月，香港共有3798家地区总部和地区办事处，代表其位于香港以外地区的母公司，比五年前增长4.4%。在这些公司中，超过70%是负责内地的业务。美国在香港地区设立的地区总部/地区办事处最多(21%)，其次是日本(18%)、英国(9%)，内地为8%。在香港的地区总部/地区办事处大部分属于进出口贸易、批发及零售业(51%)，其他则是专业、商用和教育服务(18%)，金融及银行业(12%)，以及运输、仓库及速递服务业(8%)。香港是亚太区重要的银行和金融中心。截至2015年年底，全港共有199家认可机构和64个代表办事处；认可机构为国际贸易融资提供的贷款总额和在香港之外使用的其他贷款总额分别为582亿美元和2924亿美元。国际结算银行调查显示，2013年，香港是亚洲第三大和全球第五大外汇市场，平均每日成交额为2750亿美元。①

(五)上海

国际贸易中心是上海国际经济中心、国际金融中心、国际贸易中心、国际航运中心建设的重要组成部分，是上海落实国家战略的重要体现。近年来，上海坚持创新驱动、转型发展，明确提出要在明晰总体思路、加快推进步伐，充分借鉴全球主要国际贸易中心的发展轨迹和经验以及准确把握国际贸易中心发展趋势的基础上，推进上海国际贸易中心建设各项工作取得实质性进展，在具体建设过程中积累了丰富的经验。相比于上述几个城市国际贸易中心建设的经验，上海对宁波可借鉴的经验更多地体现在具体的建设思路和实施方案上，具体归纳为以下几点。

1. 以科学的规划指导实践

一是国际贸易中心的规划建设，这并不是一蹴而就的，而是以不急于求成的态度，在充分借鉴成功经验的基础上，根据自身资源禀赋和比较优势进行科学论证，从而提高战略实施的效率和效能。二是形成规划系列和出台

① 数据来源：香港特区政府贸易发展局网站(http://hong-kong-economy-research.hktdc.com)。

条例，进一步明晰发展思路。2011 年，上海市政府先后出台了《关于加快推进上海国际贸易中心建设的意见》《上海建设国际贸易中心“十二五”规划》，明确了上海国际贸易中心建设的总体思路是“提高贸易便利化水平，提高市场开放程度；加快建设以要素市场和消费服务市场为重点的现代市场体系，加快营造国际一流水平的商贸发展环境”，简称“两个提高、两个加快”。围绕国际贸易中心建设，先后编制发布了《上海商业发展“十二五”规划》《上海会展业“十二五”发展规划》《上海电子商务发展“十二五”规划》等市级相关专项规划，形成规划系列。2012 年年底，《上海市推进国际贸易中心建设条例》的出台标志着上海从制度上推动国际贸易中心加快发展，形成了建设上海国际贸易中心的整体合力。

2. 以正确的方式引导发展

国际贸易中心建设虽然是以政府的发展方向为导向，但其具体的建设主体则是每个企业主体和利益相关方。上海在推动国际贸易中心建设过程中有效地处理了政府和市场的关系。政府的职责在于制定规划，设定发展目标，并出台条例和税收政策营造环境，以充分激活国内外市场主体的竞争活力，引导经济主体和社会主体参与到每个项目和平台的建设上来。上海在优化贸易投资环境、加强市场体系建设、提高开放式经济水平、促进商贸流通现代化等方面出台了一系列政策措施，取得了明显成效。比如为营造国际一流水平总部经济发展环境，上海修订了吸引跨国公司地区研发中心以及总部的政策条例，在通关便利、人员流动、资金管理等方面给予倾斜支持。以政府引导市场主体发展的方式也符合其他国际贸易中心城市发展过程中开放度和自由度普遍较高、市场主导的发展经验。

3. 以稳健的步伐开放市场

世界著名国际贸易中心城市的发展已经证明市场开放度、自由度的提升在贸易中心建设中的重要性。上海在国际贸易中心建设的过程中，虽然受我国整体经济政策自由度的约束，但在某些方面已经逐步取得了长足的进步。如人民币跨境贸易结算稳步推进，国际贸易结算中心外汇管理试点规模和范围进一步扩大；跨境人民币直接投资取得实质性进展，已经批准了第一家以跨境人民币出资设立的外商投资融资租赁公司；推进外高桥保税区贸易便利化创新试点，实施进口机电产品审批专线；总部经济营运环境不断优化，出台了吸引跨国公司地区总部以及研发中心的政策，在资金管理、通关便利、人员流动等方面给予进一步支持。市场的开放是一个长期的过程，这也符合国际贸易中心建设循序渐进、多方协调的发展规律。

二、国内外国际贸易中心城市建设对宁波的启示

从以上主要国际贸易中心城市发展经验来看,国际贸易中心的建设,是一个系统的、庞大的长期工程。作为国际贸易的中心城市,其往往同时也是国际航运中心、国际金融中心,这些城市功能是相辅相成的。宁波在建设国际贸易中心的过程中,应该重点借鉴其他国际贸易中心建设发展中的相关经验。当前宁波特别要研究和借鉴主要国际贸易中心城市在航运、金融监管、商事仲裁、产业发展、贸易自由化、实施方案等方面的相关做法及制度供给,为宁波国际贸易中心的建设及发展过程中少走弯路提供经验支持。

1. 促进贸易自由化的制度建设

贸易自由化是世界贸易组织倡导的首要原则。上述城市国际贸易中心建设的经验深刻证明,推行自由化的贸易政策在建设国际贸易中心的过程中至关重要。没有开放的自由贸易政策支撑,国际贸易中心的建设就是空谈。贸易自由化的制度安排涉及创业、经营、投资、商品进出、资金进出和人员进出自由等诸多方面。税收制度、知识产权保护制度、社会诚信体系法律制度、贸易便利化制度,以及政府行政行为的高效廉洁等,都是国际贸易中心建设过程中必须配套建设的重要方面。目前,宁波的贸易自由化与其他国际贸易中心相比还存在很大的差距。一方面,受我国整体自由化制度不发达影响,比如,人民币不能完全自由兑换,不仅影响了人民币在国际贸易中地位的提升,更严重制约了宁波金融业的国际化。而《中华人民共和国对外贸易法》规定,国家实行统一的对外贸易制度,地方政府无权自行制定对外贸易的制度和政策,这使得宁波必须在国家法律制度的限定下开展国际贸易中心建设的相关工作。在这一点上,宁波与纽约、东京和伦敦不同,后三者所属的国家贸易制度高度自由化。可以说,对外贸易政策制定权限一定程度上制约了宁波的贸易自由化,从而阻碍了其国际贸易中心的建设。另一方面,作为非独立关税区,宁波不能自行制定关税制度,而必须执行国家统一关税和国内税制度,这也是其建设国际贸易中心无法回避的障碍。但是,宁波可以选择在一个海关特殊监管区试行准自由港,在准自由港内,试行货币自由兑换、资金自由进出,开展离岸金融,实施较低税率和简明税制等,并只对禁运货物进出口施行管制。

2. 大力推进国际航运中心建设

国际贸易与国际物流发展息息相关,国际贸易中心与国际航运中心的建设环环相扣。总结国际上著名的国际贸易中心城市的建设,其发展都离

不开发达的航运业和完善的港口制度的支撑。这主要是由于,发达的航运业使港口成为极其便利的大宗货物集散地,从而为国际性贸易中心的建设提供重要的物资流通基地;而贸易中心的发展反作用于航运业,为其提供坚实的物质基础。香港作为亚洲和世界上重要的国际贸易中心城市,其地位的巩固主要得益于优越地理环境下建立的完善发达的航运制度;纽约航运中心的建设有效促进了其国际贸易中心城市地位的实现;东京通过先行发展航运中心,带动了其金融中心建设,从而为东京国际贸易中心提供了必备的航运和金融服务支撑。宁波地理位置优越,海洋资源丰富,拥有国际贸易中心建设中关键的物资流通载体,依托宁波港推进航运业的大力发展,将是宁波国际贸易中心建设的重要思路。

3. 建立国际化的、开放的金融制度

纽约、伦敦、东京等作为国际著名航运中心、贸易中心的同时,又都是国际金融中心,具有高度开放和国际化的金融制度安排,同时也是众多金融机构的集聚地,建有发达完善的金融制度。国际金融中心使资金融通、外汇交易、保险业务以及证券市场的作用和影响超出一国范畴,服务于世界贸易的发达金融市场体系,为国际贸易中心的生存和发展提供了强有力的资金支撑。宁波的金融法律制度与其他国际贸易中心城市相比还有很大差距。资金、保险、黄金、期货等市场规模较小,人民币不能自由兑换,缺乏匹配完善的政策制度,这在很大程度上削弱了宁波对国外金融资本的吸引力。因此,在建设国际贸易中心的道路上,宁波要着力建设完备的金融网络,促使本地金融机构和外资金融机构享有平等的待遇,以吸引国际著名金融机构落户宁波。可将金融市场的建设重点放在企业债券市场、金融期货期权市场、以票据市场为主的货币市场等领域,发展货币经纪、金融租赁、金融仲裁等非银行金融机构,力争建设开放程度高、国际化的完善的金融支撑体系,为宁波国际贸易中心的建设提供资金支持。

4. 制定融合发展的产业升级政策

国际贸易中心城市是为一国工业化发展服务的战略平台。贸易要素、金融资本和航运以及中介等服务产业,都是围绕本土工业化的可持续发展而派生出来的相关要素和服务型产业,并在具有制造业基础和有利区位的城市集聚,从而发挥其战略作用。因此,国际贸易中心城市首先应该是一国先进制造业中心城市,围绕先进制造业延伸发展高端服务业,缺乏先进制造产业基础和要素集聚条件,单纯发展服务业的思路和实践是行不通的。必须在建设发达制造业的基础上大力发展高端、专业服务业,更为关键的是建立公平的服务业竞争机制。从宁波发展的实际来看,其服务业的发展水平与上述国际贸易中心城市还存在很大差距,其主要业务还集中在与货物有关的服务贸易商,比如运输、商务服务等领域,而新型服务如管理咨询、会计、现代物流、律师、证券等高层次的服务业务比例与上述国际贸易中心城市相比还有很大的差距。因此,宁波应配套制定相应的现代服务业发展政策,支持高端服务业发展,增加服务业附加值的同时,为国际贸易中心建设提供优越的软环境支持。

5. 制定科学的渐进式建设方案

国际贸易中心的建设是一项庞大、系统的长期工程,前述国际贸易中心的建设和发展都经历了相当长的历史过程,其建设与发展不是一蹴而就的。宁波在国际贸易中心的建设上还有很长的路要走,高端服务业的配套、航运规模的扩大、开放的金融制度及市场环境的建立等,都是一个循序渐进的过程。上海国际贸易中心建设发展的经验说明,在国际贸易中心建设过程中,不能急于求成,必须结合宁波自身社会、经济、地理位置等实际情况,准确定位,分析国际贸易中心建设的可行性,不断明晰建设目标,各部门有效协作,制定科学合理的规划建设方案,出台完善、全面、有效的政策,一步一步扎实地推进国际贸易中心建设的各项工作。

6. 突破性发展一批重大的、开放的功能平台

一是宁波国际贸易示范区建设要取得新的突破。积极创建"国家进口贸易促进创新示范区",力争在贸易环境便利化、贸易功能多元化、贸易服务专业化等方面实现突破。二是宁波国际贸易展览中心建设要取得新的突破。发展进口贸易,建设一批专业化的进口贸易平台,设立国别商品中心,建成国内有影响力、市场体系发达的进口商品交易中心。三是梅山保税港区汽车进口口岸发展要取得新的突破。以汽车整车进口口岸获批为契机,加快建设汽车贸易城、集散分拨中心、装饰中心和增值服务中心。四是大宗商品交易中心要取得新的突破。以国家批准"大宗商品电子商务交易服务试点项目"为契机,加快拓展交易品种、扩大交易规模,推动甬商所成为规范、高效、安全运营的国内重要商品交易所。五是设立一批有利于外贸转型升级的示范基地。结合宁波特色优势产业集群,争取创设"国家外贸转型升级示范基地"和国家级的专业性产品出口基地;抢抓营业税改增值税试点机遇,大力发展服务贸易,建设服务贸易基地。六是设立推进人民跨境贸易结算的发展基地。以梅山保税港区为基地,探索稳步推进人民币跨境贸易结算的相关发展举措,探索跨境人民币直接投资,重点发展外商投资融资租赁

公司等。七是设立一批有利于培育开放新优势的公共服务平台。借鉴上海经验，设立网上国际贸易中心平台、国际设计与贸易促进中心、国际贸易技术标准服务中心、国际技术进出口促进中心、企业“走出去”公共服务平台等。

第二节　宁波建设“一带一路”区域性国际贸易中心城市的战略

一、目标定位

在新的发展背景和形势下，定位一个城市的明天，需要有国际化的高度和视野。宁波建设国际贸易中心城市，要以国际标准为坐标，体现宁波城市的特色和优势，坚定地融入现代化、国际化进程，不断赋予其新的内涵。

首先，宁波区域性国际贸易中心城市必须是高度国际化的。其主要表现为：贸易主体的国际化，国际、国内主要的商贸流通企业大多进入宁波设立其总部或分支机构，更多的跨国公司和百强企业将其实施资源配置功能的营运中心设置在宁波；贸易流程的国际化，开展贸易活动的流程尽可能实现国际接轨，充分体现高效、便利、安全、透明；贸易技术的国际化，尽可能采用国际上最先进的网络技术和其他贸易辅助设施，并能同发达国家的贸易辅助设施实行对接；贸易信息的国际化，在宁波必须能随时了解到世界上各类市场的动态变化，并能随时发布贸易活动的相关信息。

其次，宁波对国内外市场具有较强的集聚力和辐射力，这是国际贸易中心的功能体现和地位保证。其主要表现为：具有总部集聚的功能，不仅能够吸纳更多的国外主要商贸公司和跨国公司的营运中心进入，而且能够吸引国内各地区主要商贸企业的营运机构及主要制造企业的销售总部和采购中心进入；具有核心交易平台的功能，不仅能成为一部分专业产品的中心交易市场，更能成为大量国内外贸易合同的签单中心以及订单分拨中心，甚至有可能成为一些重点产品的价格调节中心；具有“购物天堂”的功能，拥有良好的购物环境，最多最新的国内外著名品牌以及最有吸引力的名街、名店和特色商圈，从而大量吸引国内外顾客。

最后，宁波作为区域性国际贸易中心城市，应当在国内外具有竞争力和影响力。要建成区域性国际贸易中心城市，需要基本形成国际市场与国内市场相互融合、市场开放度与贸易便利化标准化程度较高、贸易要素集聚、贸易主体活跃、贸易设施完备、服务体系发达、法制环境完善、诚信体系健全的区域性国际贸易中心城市功能体系；基本形成连接丝绸之路经济带与海上丝绸之路的重要节点、口岸集散中心、国际航运综合枢纽和物流中心、国际采购与交易中心、国际转口贸易中心、国际商务服务中心、国际商业购物中心等功能架构；努力形成立足宁波、依托浙江、服务长三角、面向"一带一路"国家和地区的对外开放新格局，实现由"开放立市"向"开放强市"的战略性转变。

二、战略意义

第一，宁波建设"一带一路"国际贸易中心将成为宁波国际贸易领域深化改革、扩大开放、完善配套的重要功能性载体。国际贸易中心城市建设将进一步提高宁波对外贸易开放合作层级，完善开放型经济体系，形成互利共赢的统筹发展机制、开放高效的要素保障机制和创新创优的政府服务机制，构筑富有活力的开放大平台，在全市率先建成主体功能突出、辐射带动能力强的现代服务业集聚区和内外联动、规范高效、接轨国际的开放型经济先行区，促进浙江以及长三角进一步扩大对外开放，提高开放型经济发展水平。

第二，宁波建设"一带一路"国际贸易中心城市将使宁波成为一个真正的资金、人才、商品、信息集聚的高地，形成面向东南亚，辐射内地，联通西亚、南亚和东欧的商品集散中心、经贸信息中心、金融中心和文化交流中心。国际贸易中心将真正担负起区域经济投资贸易便利化、自由化的使命，以顺应"一带一路"建设格局和模式的发展变化趋势，打造国际航运交易、国际贸易、国际会展、跨境电子商务平台，成为与上海自由贸易区优势互补的中国东部沿海开放型经济先行区。

第三，宁波建设"一带一路"国际贸易中心城市将助力宁波打造成为"一带一路"的枢纽城市，打造港口经济圈。宁波区位条件十分突出，对外可以加强海上通道的互联互通，扩大我国与世界各国的互利合作；对内可以通过长江经济带连接丝绸之路经济带，辐射中西部地区，促进沿海经济带与长江经济带的融合互动发展。习近平总书记在浙江工作期间明确指出，宁波要充分利用好开放和港口优势，打造辐射长三角、影响华东片的港口经济圈。李克强总理 2014 年 11 月在浙江考察时，希望宁波、舟山共同打造江海陆联运服务中心，成为长江经济带龙头的两只"龙眼"之一。2015 年 1 月举行的宁波市委经济工作会议提出，要在新常态下主动对接融入国家战略，以"港口经济圈”为引领，重塑再创宁波城市的竞争优势。因此，宁波建设“一带一路”国际贸易中心，推进“海向”“陆向”“内外兼修”，既是顺应国家“一带一路”战略的必然选择，也是宁波打造“港口经济圈”的题中应有之义。

三、核心功能

1. 以国际强港为支撑的“一带一路”开放门户

依托优势打造区域性战略资源配置中心、国际贸易展览中心、国际航运服务中心、区域性金融服务中心，强化国际强港核心支撑，建设开放型的现代市场体系，完善交通基础设施网络，推进战略开放合作，提升城市开放服务功能和国际化水平，成为长三角亚太国际门户的主要城市。

2. 国际采购交易中心城市

做强国际口岸、出口基地、进口平台、外贸队伍等硬件支撑，夯实现代物流体系建设、国际市场拓展、产业转移承接、外贸服务创新等基础工程。做大对外贸易总量，做优对外贸易质量，增强产业服务功能，形成一批国际大宗商品交易平台、国际采购电子商务平台、国际贸易主体队伍、贸易功能性总部，建设满足国际化功能需求的国际采购交易中心城市。力争把国际贸易展览中心建成区域性国际贸易企业总部基地、国际会展中心、进出口产品和装备展览贸易区、进出口电子商务平台先行区。

3. 服务贸易与技术贸易中心

重点发展信息数据服务、供应链管理、文化创意等服务外包业务，建设国家级服务外包示范城市，成为国内重要的离岸服务外包基地，在跨境贸易电子商务推进方面取得突破，到2020年实现跨境贸易电子商务交易额超100亿美元。

4. 外贸总部基地和控制中心

强大的资源配置功能是国际贸易中心城市的核心标志。宁波要集聚高能级、有活力的贸易主体，对全球产业链、贸易链进行全过程管理和控制，使之成为国内外重要的外贸决策管理中心、品牌营销中心、成本利润中心和订单分拨中心。吸引世界500强企业和跨国公司在宁波设立地区总部、事业部全球总部和各种功能性机构，吸引国内大企业总部、民营企业总部，培育大型跨国经营企业；集聚采用现代国际贸易运行新模式的企业，吸引国内外企业的营运中心、物流中心、分拨中心、销售中心、采购中心等集聚；集聚商品和服务技术含量高、附加值高的企业，吸引国内外企业产业链中高技术含量、高附加值的环节，汇聚研发中心、创意设计中心、增值服务中心、品牌培育中心和旗舰店;集聚国际国内贸易组织、贸易促进机构和行业组织,吸引国际贸易组织分支机构入驻并开展重要的商务活动,集聚国内外贸易促进机构、行业组织、检验检测、认证和评级机构。坚持贸易主体市场化、多元化,支持中小贸易主体发展。

第三节 宁波建设"一带一路"国际贸易中心城市的对策

一、建设"一带一路"重要的开放经济门户

完善对外开放与国内合作体系。进一步扩大对外开放,基本形成口岸资源配置合理、口岸管理和开放规范有序、口岸查验配套设施合规合理的对外开放体系。坚持"海、陆、空、邮"四线并进,形成全方位、多层次的口岸开放态势。

1. 统筹陆海通道建设

重点参与长三角区域、"一带一路"及长江经济带支点城市(西安、成都、昆明、乌鲁木齐等地)的无水港站建设,争取实现三年内"无水港"数量翻番。推进与铁路和查检单位的协作机制,加强信息反馈及沟通工作,建立通关标准对接,简化出入境手续,确保通关顺畅。巩固宁波至华东地区的铁水联运示范项目成果,支持海铁联运延伸到长江经济带、中西部地区各铁路枢纽,争取建设国家级海铁联运综合试验区,在运价、海铁联运线路开通等方面获得优惠,促进海铁联运发展,扩宽港口腹地。加快发展海铁联运,申报创建宁波海铁联运综合试验区,研究谋划并积极倡导第三亚欧大陆桥建设,设计并争取开通宁波—杭州(金华)—九江—武汉—重庆—西安—新疆—中西亚及欧洲铁路拼箱国际班列,开行新疆(阿拉山口、霍尔果斯、喀什)至宁波的"五定班列",建设宁波对接"一带一路"、长江经济带的海铁联运走廊。

2. 拓展海运走廊

加快宁波与东盟国家海运通道建设,推进 21 世纪海上丝绸之路沿海港口互联互通。积极发挥宁波作为 APEC 港口服务网络秘书处成员单位的作用,扩大港口开放合作,推动完善中国—东盟港口城市合作网络和机制,加快与东盟港口建立友好港口关系,鼓励宁波企业到东盟国家参股港口建设。构建 21 世纪海上丝绸之路客货运穿梭巴士,促进贸易往来;开通海上邮轮,形成海上丝绸之路旅游圈;积极推进"海上驿站"建设,为海上丝绸之路提供

安全的通道保障。

3. 构筑航空走廊

构筑便捷、高效的航空网络，搭建宁波与东盟国家重点城市之间的空中通道；建成投用机场二期，优化配套设施，提高综合服务能力；深化与海南航空集团的合作，组建并运营宁波航空公司，成立宁波货运航空公司；强化与国内大型枢纽机场、航空公司的合作，加密干线、开拓支线、繁荣旅游热线、扩大国际航线，优化航空网络；积极引进货运航空公司，开辟货运专线，打造长三角国际航空货运枢纽机场；完善宁波空港与上海、杭州空港之间“虚拟航班”通关监管模式；搭建宁波与东盟国家重点城市之间的空中通道；大力引进国内外投资商、运营商等航空战略伙伴，引入先进的管理运营理念、国际货运资源、国际物流运营商，开通更多面向东盟国家的国际直航、经停线路，推进空港跨越式发展，打造新型综合性航空物流转运枢纽。

二、加强与“一带一路”沿线国家和城市的经贸合作

1. 加强与合作潜力大、互补性强的城市的交往

完善友城合作机制，积极开展多领域实质性交流与合作，选择在沿线国家和地区专门设立特派联络点。充分利用《内地与香港关于建立更紧密经贸关系安排》(CEPA)和《海峡两岸经济合作框架协议》(ECFA)等签署的机遇，更好地推进宁波与香港、澳门、台湾之间的经贸合作。通过举办中东欧产品特色展、“中东欧·宁波周”等活动，加强宁波与中东欧有关城市的经贸合作。把握中韩、中澳自贸区建设契机，鼓励引导相关企业调整优化经营、贸易和投资结构。通过设立东盟进口产品保税展示交易平台、进口货物集散中心，举办“东盟·宁波周”等举措，提升宁波与东盟国际贸易合作水平。鼓励企业根据各国或地区自然禀赋情况因地制宜，与“一带一路”国家和地区在电子科技产品制造、矿产石化资源开发与利用、服装生产、旅游投资与合作等多方面实现错位合作及有效对接。还可以考虑在造船和汽车零部件等领域进一步强化分工与合作，打造与延伸产业链。

2. 加强与国家有关部门和央企的合作

要加强与商务部、铁道部、交通部、海关、国检等中央政府职能部门的沟通联系、战略合作，强化与“中”字号的银行、石油、化工、机械等大型央企的业务合作，积极争取浙江省政府各部门的资金、政策支持，积极开展三方合作、多方合作，培育开放门户的联合服务新优势。

3. 深化与长三角城市的合作和交流

一方面，主动融入上海“两个中心”建设，争取能享受上海“两个中心”的

政策扶持，充分利用上海的科技、人才、资金等优势，与上海开展高层次的金融、航运项目合作和对接，推动上海的优势资源为宁波所用。健全沪甬合作机制，加强与上海港在航运、金融等领域的合作发展，优化两地港口建设、航运服务等的布局，推进金融、航运等资源跨区域高效流动，强化两港资本、技术和业务等战略合作，共同推进上海国际航运中心建设。另一方面，完善与长三角其他城市的合作机制，扩大与长三角其他城市的合作范围，在基础设施、旅游、港口、交通、市场、人才、环保、信用体系等多个领域开展深层次合作。完善甬港合作机制，进一步拓展合作范围；完善宁波舟山港一体化发展机制，创新宁波舟山港海关、检验检疫等监管机制。

4. 加强与腹地城市的合作

全面推进海铁联运，加快与长江"黄金水道"、杭甬运河的联动发展，主动服务于长江沿线经济，着力延伸无水港腹地城市，借助内陆城市丰富的土地和劳动力资源，拓展腹地经济。

三、拓宽对外直接投资方式与渠道

1. 积极推进境外实业型投资，大力发展境外经贸合作基地

充分发挥宁波市块状经济的特色优势，大力推动轻纺、模具等加工业务向境外转移，支持纺织服装、家电制造和海水养殖等行业的优势企业到东盟、非洲、拉美、东欧等国家和地区建立生产基地。鼓励企业设立境外生产基地、研发中心和研发型投资企业，利用境外能源原料、海外科技智力资源和管理经验，提高企业经营实力和综合竞争力。大力推进境外实业型投资，鼓励和帮助有条件的企业在境外兴办各具特色的境外经贸合作基地(加工贸易园区)。

2. 拓展对外投资方式与渠道，打造航空母舰或联合舰队

着力构建"走出去"促进工作网络，加大对外直接投资促进和政策的扶持力度。支持有条件的企业通过新设、并购、境外上市、重组、联合等多种形式，在全球整合资源链，培育出若干个具有一定国际竞争力和影响力的宁波本土跨国公司，尤其是"航空母舰"式的跨国大集团。积极引导和推进广大外向型中小企业通过联合、联盟等形式组成"联合舰队"，集体走出去，共同构建国际营销网络，乃至建立海外生产基地和研发中心。

3. 壮大对外工程承包规模，提升劳务合作层次

鼓励和支持宁波市企业参与我国援外工程项目建设。鼓励更多有实力的企业积极申报国际承包工程和劳务合作的经营资格。鼓励宁波本土企业

组成“联合舰队”，或主动与有实力的国内外著名承包商合作，共同参与国际承包工程。大力推动境外直接融资，探索采用“建设—经营—转让”（buid-operafe-transfer，BOT）、“移交—经营—移交”（transfer-operate-transfer，TOT）等方式开展境外工程承包。积极拓展成套设备、基础设施、公共交通等工程领域，提高境外工程承包的带动效应。鼓励设立专业型劳务培训基地，强化外派劳务人员的业务培训。

4. 加强对境外资源的开发利用，提高企业国际竞争实力

充分利用国家多边经贸合作机制和各类援外资金，鼓励企业通过“以援助换资源”“以工程换资源”等多种方式，在资源富集地区进行能源资源开发、农业项目综合开发和远洋渔业资源开发。重点支持企业在境外开展石油、天然气、煤炭、钢铁、天然橡胶、木材等能源和短缺资源领域的经济技术合作，建立多元、稳定、可靠的能源和短缺资源的供应保障基地。鼓励企业到欧美发达国家兼并收购研发型企业，设立境外研发中心和研发型投资企业，吸收利用海外科技、智力资源，提高我国企业的创新能力、技术水平和产品档次。

四、扩展与“一带一路”国家（地区）的口岸合作

1. 建设便利的高效口岸监管服务体系

构建符合口岸发展要求的口岸协调服务机制、口岸创新机制、口岸联动发展机制。坚持口岸监管与服务并重、模式创新与流程优化并举，口岸便利化和口岸信息化建设协同推进。立足更加积极主动的对外开放战略，强化跨部门、跨区域的与内陆口岸的通关协作，完善口岸工作机制，实现口岸管理相关部门信息互换、监管互认、执法互助，提高通关效率，确保国门安全，力争到2020年形成具有国际竞争力的大通关管理体制机制。

2. 推进区域通关一体化和“三互大通关”

按照安全高效、运转协调的总要求，创新口岸监管与服务，口岸监管理念向“由企及物”和“守法推定”转变。推进无纸化大通关、风险管理、分类管理、第三方检验检测市场化运作模式等应用，不断创新口岸监管机制。积极推进“三互”大通关改革，深化口岸查验单位间的协作配合，实现口岸查验单位间信息互换、监管互认、执法互助。创新口岸保障国际重要活动的通关便利措施，提高口岸服务保障能力。做好对接上海自贸区相关工作，率先复制推广自贸区创新政策在宁波的实施，推进宁波特殊监管区快速发展。加大对企业引导和规范，推进口岸诚信体系建设。建立口岸绩效评估体系，准确

反映口岸运行实际绩效，完善相关口岸管理制度，提高口岸整体运行效能。完善口岸价格监控体系，规范和稳定宁波口岸收费水平。

3. 拓展区域合作

积极参与长三角区域大通关协作机制建设，加强长三角各口岸城市间的沟通联系，深化实施"点与点""城与城"口岸合作模式；深化与中西部地区的口岸通关合作，健全口岸与内陆查验监管部门间合作机制，构建宁波口岸大通关合作体系。优化口岸集疏运体系，创新宁波港干支线集装箱监管模式，推动实施国际中转集装箱拆拼箱；推进海铁联运、江海联运、陆海联运、双重运输等多式联运发展，进一步提高宁波口岸的吸引力和辐射力。

4. 搭建宁波与中东欧关检合作绿色通道

一是为中东欧商品宁波参展设立检验检疫绿色通道。实施 24 小时预约查验、快速验放，实施展会代理商一次备案、宁波检验检疫全系统通用的简化备案手续，允许预包装食品和化妆品类展览样品在报检时免于提供中文标签样张和相关审批文件，进口食品收发货人免于备案，对于其他一些尚不能及时提供的报检材料可采用承诺书方式先行办理报检手续。

二是建立中东欧国家商品通关绿色通道。为中东欧商品进口企业设立"特快窗口"，优先报关、查验，优先利用 H986 集装箱查验系统进行非侵入式查验。对首批次进入宁波市场的中东欧商品检验检疫费用给予一定补贴。对从中东欧国家进口商品的备案审批确保当天审结。优化中东欧进口商品准入管理机制，依法简化检验检疫审批备案手续，缩短工作时限，进口水产品、肉类、水果等从受理之日起到向国家质检总局传递申请由原来的 7 个工作日缩短到 3 个工作日。简化中东欧进口商品入境查验流程，进口食品、化妆品全面应用预检验模式。对目的地为浙江省域范围内的水果一般贸易进口等实行预放行制度，实施进口工业品分类管理，采信符合国家规定的第三方检验机构的检验结果，加快验放速度。

三是鼓励宁波港集团加强与中东欧国家港口合作。积极巩固和发展友好港口，主动参与中东欧国家港口建设，开通船运快线，努力降低往来航线资费和港口运作费用。

五、加快建设国际强港

抓住浙江海洋经济发展上升为国家战略的发展机遇，推进港口基础设施体系、集疏运网络体系建设，加速港口一体化进程，完善"三位一体"的港航物流服务体系，实施港航企业主体培育工程，实现"深水大港"向"国际强港”的根本转变。

1. 推进港口基础设施体系建设

一是建设多式联运示范港，适应船舶大型化、专业化及多式联运要求，整合优化港口布局，加快梅山、穿山、大榭等港区深水码头建设，集中布局若干多式联运泊位及分拨平台，改扩建老旧码头。

二是加快梅山港区 20 万吨级进港航道工程、石浦港区主航道一期等航道及锚地项目建设，加强进港航道建设，深化国际卫生港创建。推进国际卫生港第二阶段(北仑港区、镇海港区和栎社国际机场)的创建工作，力争将全港创建“国际卫生港”与宁波市创建文明城市有机结合，成为宁波市文明卫生工作的重要组成部分。

2. 加强港口集疏运体系建设

一是完善集疏运网络。建成以港口为中心的航空、铁路、公路和水路等多种运输方式协调衔接的集疏运网络，重点推进以海港、空港和信息港“三港”为主体的枢纽型重大网络体系建设，发展以高速公路网和轨道交通网“两网”为重点的市际、市域快速客货运交通网络，推进“一绕五射”铁路网、“一环六射”高速公路网、“三横三纵”快速路建设。

二是大力发展多式联运。在宁波开展海铁联运综合试验区试点，力争开通宁波至南昌、合肥、重庆、成都、武汉的集装箱“五定班列”。加快建设海河联运作业区，大力发展海河联运。加强与沿海、沿江港口和内陆无水港的合作，提升水水中转比例。

三是增强港航服务能力。增加国际集装箱班轮航线和航班密度，扩大以转口贸易为带动的国际集装箱中转业务，成为我国沿海和亚太地区集装箱国际中转运输的重要枢纽。高标准打造“江海河环形互通水运网”，构建江海河联运网络体系。内河航运重点实施“畅、建”工程，积极培育内河运输市场，有序推进内河港口开发建设，保障杭甬运河宁波三江口段 500 吨级船舶畅通。推进杭甬运河宁波段三期建设。①

3. 加速港口一体化进程

一是巩固浙江省港口联盟。以资本和业务为纽带，整合温州、台州、嘉兴等省内港口，形成干支相连、功能配套、优势互补的发展模式，共同提升浙江港口联盟的整体实力。

---

① 范洪. 创新服务平台 优化营运主体 实现多式联运：解读宁波港航“十三五”发展的四个关键词[N]. 东南商报，2016-02-02(A4).

二是参与港口国际合作。加强港口国际交流与合作，主动利用亚太经合组织（APEC）港口服务网络平台，整体提升港口国际知名度和影响力。适时开展境外港口项目的共同开发和合作经营，参与港口国际化经营。

4. 发展"三位一体"港航物流服务体系

一是建设大宗商品交易平台。加大资源整合力度，集聚发展液体化工、煤炭、铁矿石、钢材、木材、塑料、粮油、镍金属、铜等大宗商品交易市场；重点整合建设镇海液体化工产品交易市场、镇海煤炭交易市场等17个市场；优先发展液体化工、煤炭和铁矿石交易，力争在长三角、全国乃至全球形成若干个有影响力的交易市场；大力发展大宗商品电子交易平台、大宗商品交易所等平台载体。

二是发展港航服务业。以保税港区、国际航运服务中心和物流园区等为依托，大力发展智慧物流，鼓励发展国际中转、国际采购、进口分拨、出口配送等新型物流业态，支持拓展保税仓储、加工组装及配套增值服务，推进港口物流向价值链高端转变。鼓励航运金融创新，大力发展航运保险、船舶融资、资金结算等航运金融服务，培育和发展离岸金融市场。探索建立宁波船舶交易市场，大力发展船舶交易、船舶租赁等业务。积极争取试点建设宁波国际邮轮母港，拓展航运服务市场的新业态。

三是加强金融和信息支撑。推进宁波航运金融集聚区建设，创新航运物流信贷模式，拓宽航运物流企业直接融资渠道，完善航运物流保险服务，试点离岸金融业务，提高港口资本运营效率。实施智慧港口工程，推动电子口岸升级为"智慧口岸"，打造港口物流信息平台，提升第四方物流市场能级，建立一体化港口信息服务体系。

5. 实施港航企业主体培育工程

一是做大做强宁波港集团。推进宁波港集团整合码头、海陆运、代理等优势资源，重点推进江海和海铁联运，不断做精码头主业、拓展港口物流业、实施资本运作，将宁波港集团打造成为国际一流的码头服务商和港口物流综合服务商。

二是大力发展海洋运输企业。出台优惠政策，引进国内外航运龙头企业落户宁波，鼓励宁波海运集团等本土企业做大做强；发挥民营企业优势，大力发展煤炭、矿石、油品、集装箱等专业化、大型化运输船队，争取在航线开辟、舱位预留、运价制定等方面获得更大的主动权。

三是培育壮大临港第三方物流企业。鼓励开展港口物流业务的集卡、堆场企业和船代等第三方物流公司向规模化、品牌化发展，加快集卡、停车场等物流资源整合，推广应用甩挂运输、双重运输等先进的运输组织方式；支持为外轮提供后勤供应的航运服务企业向专业化、网络化发展；鼓励组建大型贸易物流集团，支持龙头货代企业异地设立分支机构，扩大经营网络，加强揽货能力。

六、优化提升开放平台载体

全力打造一批内外对接的开放平台，为宁波打造开放门户提供载体支撑，切实提升城市的开放功能和窗口作用。

1. 加快建设功能性平台载体

一是加快建设国际贸易中心。积极推进国际贸易示范区、国际贸易和会展企业总部基地建设，着力打造商品展示及交易、跨国公司集聚、商品大流通和国际服务贸易四大支撑性平台，推动贸易环境便利化、贸易功能多元化、贸易服务专业化，力争在全球综合采购交易中心建设上取得实质性突破。比如，可以依托设置在和丰创意广场的中国文具商品交易中心，整合贝发、广博、得力等文具企业的产业优势，打造全球“三文”（文具、文化、文体）综合采购交易中心；可以利用宁波国际会展中心的产品展示交易功能和市域的家电产业集群优势，打造全球家电产品综合采购交易中心；可以完善提升余姚市中国塑料城的实体交易、网上交易平台，积极培育发展塑料期货交易功能，打造全球塑料综合采购交易中心。

二是加快建设国际航运服务中心。依托船舶运输和港口服务，构建以通关服务、航运代理、货运服务为基础，航运信息为支撑，航运交易为平台，航运金融为保障的现代航运服务业体系；大力发展航运市场、航运交易所、港口航运集团，建成亚太地区高端航运服务业集聚区。

三是加快建设国际金融服务中心。以国际金融服务为特色，以国际贸易、国际物流和国际航运金融服务为主要发展方向，大力发展海外投融资平台、开展人民币跨境贸易结算、试点发展离岸金融业务、获取大宗商品定价权、开展远期电子交易、全力打造金融后台服务基地等，成为上海国际金融中心重要组成部分和长三角南翼区域性金融中心。

2. 大力发展国际空港平台载体

一是大力发展旅游航线。推动空港建设与旅游产业发展有机结合，大力发展国际国内旅游航线，加强与上海、北京、广州等枢纽机场的有效合作，开辟与全球著名旅游城市的双向直达航线，力争把宁波建设成为国际旅游目的地城市。

二是大力发展航空物流。抓紧启动机场三期工程建设,完善货运配套设施,大力开发国内外物流航线,开辟全货机航线业务,推动航空运输、临空经济发展;加快空港"大通关"建设,提高机场通关速度和口岸工作效率,力争把宁波空港建设成为实现海陆空联运的国际机场和长三角国际物流枢纽;统筹发展临空产业,力争在通用航空产业、基地航空公司、空港国际物流园区等方面取得新突破。

3. 全力提升区域性平台载体

一是加快推进保税区、出口加工区、保税物流园区、梅山保税港区、大榭开发区等的转型升级,推动特殊监管区向多功能、综合性园区转型。

二是加快推进宁波杭州湾新区、三门湾区域、象山港湾等战略性平台的开发建设,拓展开放空间,培育新的开放经济增长极。

三是充分发挥大宗货物物流枢纽港、海铁联运物流中心、进出口产品生产基地、第四方物流市场平台、空港物流中心等平台的作用,推动功能区块和产业园区整合提升。

4. 着力发展总部型平台载体

一是积极鼓励和引导本土制造业在宁波建立企业管理总部,主要履行决策、研发、财务、营销等职能,把传统的生产环节外移,把生产中心放在外地。大力发展高端制造总部,鼓励吸引本土企业在宁波建设集成组装、核心零部件生产等高端制造总部。积极推动发展一批服务企业总部,比如,可以利用宁波的港口、交通、资源配置等优势,发展一批物流企业总部;可以利用宁波建筑业发展优势,发展一批高端建筑设计、监理等工程技术型的服务业企业总部。

二是积极鼓励和引导国内外大中型企业到宁波设立企业总部或区域总部。通过税收优惠、要素支持等措施,吸引跨国公司、大型民营企业、知名国有企业到宁波设立企业总部或区域总部;鼓励和支持跨国公司和国内大型企业集团在宁波设立投资决策中心、科技研发中心、金融信贷中心、财务结算中心、营销分拨中心等机构,并逐步发展成为区域总部;鼓励推动本地已有的外企、央企、外地民企发展成为跨省域、市域的区域性管理总部或生产性总部。

5. 用好活动性平台载体

一是用好对外合作平台。积极组织开展国内外"宁波周"等大型活动,深化并扩大"浙洽会""消博会""服博会"等重要展会的国际影响力,重点打造"甬港经济合作论坛"品牌,力争尽早启动"甬台经济合作论坛",大力推动宁波与海西经济区的深层次经贸合作，夯实活动性平台在经济交流、开放合作、城市治理等方面的门户作用。

二是用好人才开发平台。充分发挥“中国宁波人才科技周”的综合品牌平台作用，推进“人才特区”建设，致力于培育一批物流、贸易、航运、金融等方面的高层次经营管理人才和专业技术人才，加快形成宁波开放门户的人才竞争比较优势。

七、营造对外开放新环境

1. 推进思想解放与理念更新，形成对外开放新文化

牢固树立大开放、大发展的理念，坚持“宁波以外就是外”的理念，积极推进外包、外展、外机、外服（外事）、外联（外宣）、外智等联动发展。继续保持和发扬改革开放以来好的传统和经验，保持和发扬这 30 多年来的狠劲、锐气和精神，大力弘扬以改革促创新、以开放促发展的精神。坚决克服“两种心态”，着力增强“两种意识”：克服故步自封的小富即安心态，增强居安思危的忧患意识；克服怨天尤人的消极悲观心态，增强敢为人先的进取意识。

2. 完善开放政策法规体系，提高政府公共服务水平

完善地方开放型经济评价实施办法和支持促进政策。加大对外贸进口、服务外包、展会培育、招商选资、人才培训、知识产权等方面的扶持和促进力度。加强开放型经济的战略性、前瞻性和务实性研究，重点增强外经贸运行监测和跟踪分析。深入推进口岸大通关建设，加快无水港建设，拓展腹地资源，发展海铁联运业务。

3. 加大对外宣传营销力度，凝聚开放型经济外部力量

在更大范围推广“宁波周”活动，努力建立外事、外宣、外经贸互动的交流运作机制。加强与国内外特别友好城市的媒体、网站和有关单位合作，扩大宁波城市形象宣传。尝试加入以地方城市为成员的国际性组织，开展多边国际交流活动。深入贯彻“接轨大上海、融入长三角”的区域协作战略，加强与温州、台州、嘉兴、衢州、金华等地的合作，拓展与中西部和东北的资源富裕地区之间的合作，进一步增强宁波的综合优势。

4. 进一步提高城市国际化水平

大力推进城市人文、管理、服务、宣传国际化，构建与国际接轨的软、硬件环境，切实提升宁波的国际化水平和软实力。

一是推进城市环境国际化。顺应中国优秀文化现代化和世界优秀文化本土化的发展趋势，推进中西融合的多元化、开放性文化建设，强化民主意

识和法治观念;大力引进和培育环东钱湖自行车赛等国际化赛事和世界海洋博览会、博鳌论坛等国际化活动,提升宁波文化体育、商业贸易的国际化水平;大力引进高层次的海外人才、外籍人才,使宁波人才在数量、结构、素质上达到国际化水平;逐步增加合乎国际规范的城市标志,开放国家允许的境外广播电视、政府网站、报纸杂志等媒体,有选择性地建立一些多语种宗教场所,全力提升城市文化品位。

二是推进城市管理国际化。树立国际化城市经营理念,推动政府管理职能向创造良好发展环境、提供优质公共服务转变,推进城市建设从注重外延建设向注重内涵建设转变,大力发展开放式、融合化、智能化的城市管理体系,强化公众参与、社会协同的城市管理机制。

三是推进城市服务国际化。创新城市服务模式,提升城市公共服务的社会化、市场化、专业化和信息化水平,强化科技馆、图书馆、博物馆、医院、教育等基础设施的国际化服务能力,打造宜居宜业、充满魅力的国际化文明城市形象。

5. 加快实施国际化人才战略,建立国际化的人才体系

加强与科研机构、大专院校的引智引技合作,努力培养和造就一批精通国际规则、具有国际化经营能力和世界一流研发水平的专业人才和管理人才队伍。树立全球人才意识,积极网罗国际人才,继续举办外经贸人才招聘活动、"浙洽会"人才招聘会和宁波科技人才周等活动。实施人才本土化战略,通过自办、联办和委托办学等方法,重点抓好"进口启蒙"、服务外包、境外经营、WTO规则等方面的培训。

参考文献

[1] ANDERSON J E. A theoretical foundation for the gravity equation. The American Economic Review,1979,69(1) .

[2] ANDO M. Fragmentation and vertical intra-industry trade in East Asia. The North American Journal of Economics and Finance,2006(32).

[3] ANTONIETTI R, CAINELLI G. Production outsourcing, organizational governance and firm's technological performance: evidence from Italy. The IUP Journal of Managerial Economics,2008 (1).

[4] ARNDT S, KIERZKOWSKI H, ed. Fragmentation: New Production and Trade Patterns the World Economy. Oxford: Oxford University Press. 2001.

[5] BALASSA B. Trade creation and diversion in the European common market. Economic Journal,1967,77(305).

[6] BEHRENS K, ANDREA R. Lamorgese et al. Beyond the home market effect: Market size and specialization in a multi-country world . Journal of International Economics,2009,79(2) .

[7] BOUGHEAS S, DEMETRIADES P O. Infrastructure, transport costs and trade. Journal of International Economics,1999,47(1) .

[8] BÉNASSY-QUÉRÉ A, Fontagné L. How does FDI react to corporate taxation? International Tax and Public Finance,2005,12(5).

[9] CHOUDHRI E U, Hakura D. International Trade in Manufactured Products: A Ricardo-Heckscher-Ohlin Explanation with Monopolistic

Competition. IMF Working Paper 01/41,2001.

[10] COMBES P P, OVERMAN H G. The spatial distribution of economic activities in the European Union. In: V. Henderson. Handbook of Regional and Urban Economics. North Holland:North-Holland Publishing Company,2004.

[11] DAVIS D R, Weinstein D E. Market access, economic geography and comparative advantage: an empirical test. Journal of International Economics, 2003,59(1).

[12] DE SIMONE G. The Effects of International Fragmentation of Production on Trade Patterns: An Empirical Assessment. UNIMI Economics Working Paper ,2004(17).

[13] DEARDORFF A V. Fragmentation in simple trade models. The North American Journal of Economics and Finance,2001,12(2).

[14] DICKEN P,LLOYD P. Location in Space: Theoretical Perspectives in Economic Geography. 3d. ed. New York: Harper Collins,1990.

[15] DICKEN P. Global-local tensions: firm and states in the global space-economy. Economic Geography,1994, 70(2).

[16] DIXIT A K,STIGLITZ J E. Monopolistic competition and optimum product diversity. The American Economic Review, 1977,67(3).

[17] DUMAIS G,ELLISON G,GLAESER E. Geographic Concentration as a Dynamic Process. NBER Working Paper 1997,No. 6270 .

[18] DUNNING J H. Trade, location of economic activity and the multinational enterprise: a search for an eclectic approach. In: Bertil Ohlin, Per-Ove Hesselborn, Per Magnus Wijkman ed. The International Allocation of Economic Activity. London: Macmillan, 1977.

[19] DÍAZ-SERRANO, LUÍS , et al. Decentralization and the Welfare State: What Do Citizens Perceive? Universitat Rovirai Virgili, Department of Economics. Working Papers 2072/222195, 2013.

[20] FAROLE T ,WINKLER D. Making Foreign Direct Investment Work for Sub-Saharan Africa-local Spillovers and Competitiveness in Global Value Chains. Washington:The World Bank,2013.

[21] FEENSTRA R C. Integration of Trade and Disintegration of Production in the Global Economy. Journal of Economic Perspectives,1998,

12(4).

[22] FELICITAS N L D ,INMACULADA M Z. MERCOSUR-European Union Trade: How important is EU trade liberalization for MERCOSUR's exports?. The International Trade Journal,2005,19(1)

[23] FRIEDMANN J . The World City Hypothesis. Development and Change,1986(17) .

[24] FUJITA M, KRUGMAN P, Venables A J. The Spatial Economy: Cities, Regions, and International Trade. Cambridge : The MIT Press,1999.

[25] FUJITA M. A monopolistic competition model of spatial glomeration: differentiated product approach. Regional Science and Urban Economics,1988, 18(1).

[26] GEREFFI G. International trade and industrial upgrading in the apparel commodity chain. Journal of International Economics,1999, 48 (1).

[27] GOLUB S S, JONES R W, KIERZKOWSKI H. Globalization and country-specific service links. Journal of Economic Policy, 2007, 10 (2).

[28] GROSSMAN G M,Helpman E. Outsourcing in a global economy. The Review of Economic,2005,72(1).

[29] HAMILTON C B,Winters L A. Opening up international trade with Eastern Europe . Economic Policy, 1992,14(7).

[30] HUMMELS D,et al. The nature and growth of vertical specialization in world trade. Journal of International Economics,2001(54) .

[31] KRUGMAN P, VENABLES, ANTHONY J. Integration, specialization, and adjustment. European Economic Review, 1996, 40(3-5) .

[32] KRUGMAN P. Geography and Trade. Cambridge: The MIT Press. 1991.

[33] KRUGMAN P. Increasing returns and economic geography. Journal of Political Economy,1991(99).

[34] LINNEMANN H. An Econometric Study of International Trade Flows. [online]. library. wur. nl,1966.

[35] MARC M. The impact of trade on intra-Industry reallocations and aggregate industry productivity. Econometrica,2003(71) .

[36] NICOLETTI G, SCARPETTA S. Regulation, productivity and

growth：OECD evidence. Economic Policy，2003(4).

[37] NILSSON L. Trade integration and the EU economic membership criteria. European Journal of Political Economy,2000,16(4).

[38] PETER H. The global city. Issue International Social Science Journal，1996(48).

[39] PUGA，DIEGO,VENABLES，et al. The spread of industry：spatial agglomeration in economic development. Journal of the Japanese and International Economies,1996,10(4).

[40] RONALD W，KIERZKOWSKI H. The role of services in production and interactional trade：a theoretical framework. In：The Political Economy of Tnternational Trade：Festschrift in Honor of Robert Baldwin. Oxford：Basil Blackwell,1990.

[41] SASSEN S. The Global City：New York,London，Tokyo. 2nd ed. New Jersey:Princeton University Press,2001.

[42] SMITH D M. Industrial Location：An Economic Analysis. New York：John Wiley & Sons,1971.

[43] TAYLO M J. Organizational growth，spatial interaction and location decision-making. Regional Studies,1975(9).

[44] THOMPSON J H. Some theoretical consideration for manufacturing geography. Economic Geography,1966(3).

[45] TINBERGEN J. Shaping the World Economy：Suggestions for an International Economic Policy. [online]. library. wur. nl,1962.

[46] ULLTVEIT-MOE K H,et al. Comparative Advantage and Economic Geography：Estimating the Location of Production in the EU. CEPR Discussion Paper 2618. London:Centre for Economic Policy Research，2000.

[47] VENABLES,ANTHONY J. Equilibrium locations of vertically linked industries. International Economic Review,1996(37) .

[48] VERNON R. International investment and international trade in the product cycle. Quarterly Journal of Economics,1966,80(2).

[49] WATTS H D. The Large Industrial Enterprise. London：Croom Helm,1980.

[50] WEI S J. How taxing is corruption on international investors? . Review

of Economics and Statistics,2000,82(1) .

[51] WILBUR R. THOMPSON. A Preface to Urban Economics. Baltimore :Johns Hopkins University Press,1969.

[52] YEATS A. Just how big is global production sharing?. In:Arndt, S. , H. Kiezkowski, ed. Fragmentation: New Production Patterns in the World Economy. New York, US: Oxford University Press,2001.

[53] YI K M. Can vertical specialization explain the growth of world trade?. Journal of Political Economy. 2003,111(1).

[54] ZEDDIES G. International trade patterns and labour markets - an empirical analysis for EU member states. Journal of Economics and Business Research,2011,4(1) .

[55] 2014 年印度与中国的双边贸易额为 716.0 亿美元[EB/OL].(2015-05-05)[2016-02-01]. http://www.askci.comnews2015/05/05/93420gq78.shtml.

[56] 2014 年希腊与中国的双边贸易额为 36.8 亿美元[EB/OL].(2015-05-04)[2016-02-01]. http://www.askci.comnews2015/05/04/103412z4f7.shtml.

[57] 2015 中国民企 500 强发布 19 家宁波民营企业入围——《2014 年度宁波市上规模民营企业调研报告》出炉[EB/OL].(2015-08-25)[2016-02-01]. http://news.cnnb.com.cn/system — 08/25/008385514.shtml.

[58]2016 年外贸企业如何冲破迷雾重重.[EB/OL].(2016-01-11)[2016-02-01]. http://news.66wz.com/system/2016/01/11/104690353.shtml.

[59]《中国世界文化遗产预备名单》丝绸之路中国段(海路部分)宁波遗产一览表[J].宁波通讯,2015(8).

[60] 阿瑟·刘易斯.国际经济秩序的演变[M].乔伊德,译.北京:商务印书馆.1984.

[61] 贝蒂尔.奥林.地区间贸易和国际贸易[M].王继祖,等,译.北京:商务印书馆.1986.

[62] 蔡建明,薛凤旋.界定世界城市的形成——以上海为例[J].国外城市规划,2002(10).

[63] 陈建军.中国现阶段的产业区域转移及其动力机制[J].中国工业经济,2002(8).

[64] 程大中.国际贸易中心的历史演变及其对上海的启示[J].世界经济情

况,2009(7).
[65] 戴东生.“一带一路”海陆联运枢纽发展研究——以宁波为例[J].城市观察,2014(6).
[66] 丁国杰.论上海国际贸易中心建设的重要突破口[J].开放导报,2011(11).
[67] 冯宗宪,李刚.“一带一路”建设与周边区域经济合作推进路径[J].西安交通大学学报(社会科学版),2015(6).
[68] 高汝熹,李志能,朱名宏,等.批发业:贸易中心的主体,产业体系的枢纽——东京、大阪都市中心批发业的分析和对上海的启示[J].上海经济,1996(11).
[69] 高耀松,张娟.无水港与上海国际贸易中心建设[J].科学发展,2010(10).
[70] 公丕萍,宋周莺,刘卫东.中国与“一带一路”沿线国家贸易的商品格局[J].地理科学进展,2015(5).
[71] 韩永辉,罗晓斐,邹建华.中国与西亚地区贸易合作的竞争性和互补性研究——以“一带一路”战略为背景[J].世界经济研究,2015(3).
[72] 郝新蓉.经济发展新常态下优化利用外资的路径探析——以宁波为例[J].企业经济,2015(6).
[73] 何天时.地缘经济视野下的中国“一带一路”战略构想[J].甘肃理论学刊,2015(1).
[74] 何钟秀.论国内技术的梯度转移[N].人民日报,1983-02-06.
[75] 黄丙志.新加坡国际贸易中心转型及其贸易发展与便利化政策研究[J].经济师,2011(3).
[76] 黄强.现阶段论上海国际贸易中心的构建[J].市场论坛,2009(7).
[77] 黄叶芳,梁怡,沈建法.全球化与城市国际化:国际城市的一项实证研究[J].世界地理研究,2007(6)
[78] 黄益平.中国经济外交新战略下的“一带一路”[J].国际经济评论,2015(1).
[79] 江鲁.关于积极参与21世纪海上丝绸之路建设推进宁波城市国际化的几点思考[J].宁波通讯,2014(17).
[80] 姜良根,胡侠参.建设国际贸易示范区:打造国际贸易中心城市核心功能区的战略选择[J].宁波经济(三江论坛),2011(12).
[81] 姜永坤.找准上海国际贸易中心建设的突破口[N].文汇报,2009-

02-02.

[82] 孔庆峰,董虹蔚."一带一路"国家的贸易便利化水平测算与贸易潜力研究[J].国际贸易问题,2015(12).

[83] 匡增杰.对上海国际贸易中心建设的探讨——基于行业协会对外贸易促进职能的视角[J].世界贸易组织动态与研究,2011(1).

[84] 兰肖雄,刘盛和,蔡建明.国际城市的分类、建设经验与启示[J].世界地理研究,2011(12).

[85] 劳尔·普雷维什.外围资本主义,危机与改造[M].苏振兴,袁兴昌,译.北京:商务印书馆,1990.

[86] 劳育聪.宁波空运进出口贸易额超 15 亿美元[N].东南商报,2012-02-02(A12).

[87] 李向阳.构建"一带一路"需要优先处理的关系[J].国际经济评论,2015(1).

[88] 李宇.以投资贸易便利化推进宁波自由贸易园区建设[J].宁波经济(三江论坛),2014(11).

[89] 李正,陈才,熊理然.欧美地缘经济理论发展脉络及其内涵特征探析[J].世界地理研究,2014(3).

[90] 林波.宁波等 12 个城市获批成为国家跨境电子商务综合试验区[N].现代金报,2016-01-10.

[91] 林汉川.国际大都市的模式及其选择——把武汉建成国际大都市的思考[J].中南财经大学学报,1992(6).

[92] 刘淑芸.试论上海建成国际贸易中心的目标选择及实现途径[D].太原:山西财经大学,2001.

[93] 刘卫东."一带一路"战略的科学内涵与科学问题[J].地理科学进展,2015,34(5).

[94] 楼剑刚.宁波市总部经济发展的战略思考[J].宁波经济(经济丛刊),2011(5).

[95] 卢峰."一带一路"的经济逻辑[J].新金融,2015(7).

[96] 卢根鑫.试论国际产业转移的经济动因及其效应[J].学术季刊,1994(4).

[97] 鲁威.宁波企业赴"一带一路"沿线国家投资渐热[EB/OL].(2016-03-17)[2016-03-20]. http://biz. zjol. com. cn/system/2016/03/17/021069346.shtml.

[98] 陆昊. 非港口式贸易中心的实证研究——兼析北京对外贸易现状及发展趋势[J]. 国际贸易问题,2007(8).
[99] 宓红. “一带一路”战略背景下的宁波民营企业“走出去”[J]. 宁波经济(三江论坛),2015(3).
[100] 宁波“海上丝绸之路”申报世界文化遗产办公室. 宁波与海上丝绸之路[M]. 北京:科学出版社,2006.
[101] 宁波市商务委. 宁波市外经贸综合运行情况分析(2015 年 12 月)[EB/OL]. (2016-01-29)[2016-02-01]. http://www. nbcom. gov. cnygzw-view/catId/294/id/92350. html.
[102] 农晓丹. 建设宁波国际贸易中心的对策研究[J]. 北方经济,2010(3).
[103] 裴长洪,俞丹桦,闫国庆,等. 宁波转变外贸发展方式时间的考察[M]. 杭州:浙江大学出版社,2011.
[104] 申现杰,肖金成. 国际区域经济合作新形势与我国“一带一路”合作战略[J]. 宏观经济研究,2014(11).
[105] 沈开艳. 为上海建设国际贸易中心破题[J]. 浦东开发,2009(7).
[106] 沈克华,彭羽. 离岸贸易与香港国际贸易中心地位的演变——兼论对上海国际贸易中心建设的启示[J]. 亚太经济,2013(3).
[107] 沈玉良,高耀松. 上海现代国际贸易中心建设:内涵,利益和思路[J]. 国际贸易,2008(5).
[108] 沈玉良. 上海国际贸易中心建设研究[M]. 上海:上海人民出版社,2009.
[109] 盛斌,廖明中. 中国的贸易流量与出口潜力:引力模型的研究[J]. 世界经济,2004(2).
[110] 施炳展,李坤望. 中国出口贸易增长的可持续性研究——基于贸易随机前沿模型的分析[J]. 数量经济技术经济研究,2009(6).
[111] 施蔷生. 加强上海国际贸易中心的功能塑造[J]. 上海商业,2005(4).
[112] 石奇. 集成经济原理与产业转移[J]. 中国工业经济,2004(10).
[113] 孙浩. 供应链整合视角下上海国际贸易中心建设研究[J]. 开发研究,2012(6).
[114] 孙善根. 近代宁波港外贸的发展及其影响[J]. 中国港口,2014(10).
[115] 孙元欣. 国际贸易中心在国家“一带一路”建设中的作用[J]. 上海商业,2015(12).
[116] 孙元欣. 上海世博会的长期效应[J]. 上海企业,2009(7).

[117] 孙远东.从海关特殊监管区域到自由贸易园区——中国的实践与思考[M].北京:首都经济贸易大学出版社,2014.

[118] 唐启国.关于建设上海国际贸易中心的思考[J].城市,2010(3).

[119] 唐章红.上海建成国际商务中心城市影响因素分析[D].上海:同济大学,2006.

[120] 汪亮.论国际贸易中心建设的国家战略[M].上海:上海社会科学院出版社,2011.

[121]王芳,祝之君,徐康.2015:宁波商务"新起点"上谋大局[N].国际商报,2016-01-19(B4).

[122] 王凤山,丛海彬,冀春贤.宁波—舟山港对接"一带一路"的探析[J].经济论坛,2015(1).

[123] 王海龙,王春晓,郑宁,等.宁波建设自由贸易区的金融支持框架设计[J].宁波经济(三江论坛),2014(11).

[124] 王火灿.国际贸易中心的形态与成因及上海的目标与对策[J].国际商务研究,1995(3).

[125] 王中美.人民币结算:国际贸易中心建设契机[N].文汇报,2009-04-10.

[126] 吴培力.宁波外贸:在创新中发展 在转型中提升——改革开放 30 年暨宁波全面实施计划单列 20 年之际的观察与思考[J].宁波通讯,2008(10).

[127] 夏禹农,冯文浚.梯度理论与建议[J].研究与建议,1982(8).

[128] 小岛清.对外贸易论[M].天津:南开大学出版社,1991.

[129] 阎蓓,宋韬.跨国公司全球采购背景下的上海国际贸易中心建设[J].上海经济研究,2009(2).

[130] 杨代新.建立宁波自由贸易园区问题初探[J].经济丛刊,2012(4).

[131] 杨丹萍,许继琴,等.宁波区域性国际贸易中心城市建设研究[M].浙江大学出版社,2014.

[132] 杨丽华.宁波对外贸易的发展与改革研究——从徐福东渡到模式创新[M].北京:经济科学出版社,2014.

[133]杨益波.浙江跨境电商发展再提速[N].中国经济时报,2016-01-20.

[134] 殷浩.2014 年度宁波外贸逆势突围再破千亿美元[EB/OL].(2015-01-20)[2016-02-01].http://news.cnnb.com.cn/system/2015/01/20/008248927.shtml.

[135] 郁鸿胜. 建立与世界级城市群相匹配的上海市域城市群研究[J]. 科学发展,2009(11).
[136] 俞永均. 宁波携手世界500强企业追梦“国际化”[J]. 宁波晚报,2015-04-15.
[137] 约翰·冯·杜能. 孤立国同农业和国民经济的关系[M]. 吴衡康,译. 北京:商务印书馆,1986.
[138] 张泓铭. 上海商贸业发展与国际贸易中心建设[J]. 上海经济研究,2009(7).
[139] 张会清,唐海燕. 中国的出口潜力:总量测算、地区分布与前景展望——基于扩展引力模型的实证研究[J]. 国际贸易问题,2012(1).
[140] 张娟. 酝酿与突破:崛起中的上海国际贸易中心[J]. 国际市场,2009(7).
[141] 赵雨霖,林光华. 中国与东盟10国双边农产品贸易流量与贸易潜力的分析——基于贸易引力模型的研究[J]. 国际贸易问题,2008(12).
[142] 郑蕾,刘志高. 中国对“一带一路”沿线直接投资空间格局[J]. 地理科学进展,2015,34(5).
[143] 钟昌标. 深入思考宁波国际贸易发展新战略[N]. 宁波日报,2014-05-06.
[144] 周起业,刘再兴,祝诚,等. 区域经济学[M]. 北京:中国人民大学出版社,1989.
[145] 周振华. 崛起中的世界城市:理论框架及中国模式研究[M]. 上海:上海人民出版社,2006.
[146] 朱连庆. 怎样提升上海航运资源配置能力[J]. 港口经济,2009(7).
[147] 朱宇. 总部企业借势发力“领跑”宁波城市经济[EB/OL]. (2014-01-07)[2016-02-10]. http://news.cnnb.com.cn/system/2014/01/07/007954767.shtml.

附　录

附录 1　“一带一路”国家 GDP(当年价)(2010—2014 年)

单位:百万美元

国家代码	国家	Country or Area	2010 年	2011 年	2012 年	2013 年	2014 年
4	阿富汗	Afghanistan	15900	17900	20500	20500	20000
8	阿尔巴尼亚	Albania	11900	12900	12300	12800	13200
31	阿塞拜疆	Azerbaijan	52900	66000	68700	73600	75200
48	巴林	Bahrain	25700	29000	30800	32900	33900
50	孟加拉国	Bangladesh	115000	129000	133000	150000	173000
51	亚美尼亚	Armenia	9260	10100	10600	11100	11600
64	不丹	Bhutan	1590	1820	1820	1800	1960
70	波黑	Bosnia and Herzegovina	16800	18300	16900	17800	18300
96	文莱	Brunei Darussalam	12400	16700	17000	16100	17100
100	保加利亚	Bulgaria	49900	56900	53600	55600	56700
104	缅甸	Burma	—	—	74700	58700	64300
112	白俄罗斯	Belarus	55200	59700	63600	73100	76100
116	柬埔寨	Cambodia	11200	12800	14000	15400	16800
144	斯里兰卡	Sri Lanka	56700	65300	68400	74300	78800
156	中国	China	6040000	7490000	8460000	9490000	10400000
191	克罗地亚	Croatia	59700	62200	56500	57800	57100
203	捷克共和国	Czech Republic	207000	227000	206000	208000	205000
233	爱沙尼亚	Estonia	19500	23200	23100	25200	26500
268	格鲁吉亚	Georgia	11600	14400	15800	16100	16500
300	希腊	Greece	299000	288000	246000	240000	236000
348	匈牙利	Hungary	130000	140000	127000	134000	138000

续表

国家代码	国家	Country or Area	2010 年	2011 年	2012 年	2013 年	2014 年
360	印度尼西亚	Indonesia	755000	893000	918000	910000	889000
364	伊朗	Iran	468000	592000	587000	512000	425000
368	伊拉克	Iraq	139000	186000	218000	232000	224000
376	以色列	Israel	234000	262000	260000	292000	306000
398	哈萨克斯坦	Kazakhstan	148000	188000	204000	232000	218000
400	约旦	Jordan	26400	28800	30900	33600	35800
414	科威特	Kuwait	115000	154000	174000	174000	164000
417	吉尔吉斯斯坦	Kyrgyz Republic	4790	6200	6610	7340	7400
418	老挝	Lao PDR	7180	8280	9360	11200	12000
422	黎巴嫩	Lebanon	38000	40100	43200	44400	45700
428	拉脱维亚	Latvia	23700	28400	28000	30200	31300
440	立陶宛	Lithuania	37100	43500	42900	46400	48400
458	马来西亚	Malaysia	255000	298000	314000	323000	338000
462	马尔代夫	Maldives	2320	2450	2510	2790	3060
496	蒙古	Mongolia	7190	10400	12300	12500	12000
498	摩尔多瓦共和国	Macedonia,FYR	9410	10500	9750	10800	11300
499	黑山	Moldova	5810	7020	7280	7990	7960
512	阿曼	Oman	58600	67900	76300	78200	81800
524	尼泊尔	Nepal	16000	18900	18900	19300	19800
586	巴基斯坦	Pakistan	177000	214000	225000	231000	244000
608	菲律宾	Philippines	200000	224000	250000	272000	285000
616	波兰	Poland	479000	529000	500000	524000	545000
626	东帝汶	Timor－Leste	934	1140	1300	1320	1420

续表

国家代码	国家	Country or Area	2010 年	2011 年	2012 年	2013 年	2014 年
634	卡塔尔	Qatar	125000	170000	190000	202000	210000
642	罗马尼亚	Romania	168000	185000	172000	192000	199000
643	俄罗斯	Russian Federation	1520000	1900000	2020000	2080000	1860000
682	沙特阿拉伯	Saudi Arabia	527000	670000	734000	744000	746000
688	塞尔维亚	Serbia	39500	46500	40700	45500	43900
699	印度	India	1710000	1840000	1830000	1860000	2050000
702	新加坡	Singapore	236000	275000	290000	302000	308000
703	斯洛伐克	Slovak Republic	89300	97900	93000	98000	100000
704	越南	Vietnam	116000	136000	156000	171000	186000
705	斯洛文尼亚	Slovenia	48000	51300	46200	47700	49500
762	塔吉克斯坦	Tajikistan	5640	6520	7630	8510	9240
764	泰国	Thailand	341000	371000	397000	420000	405000
784	阿拉伯联合酋长国	United Arab Emirates	286000	349000	373000	387000	399000
792	土耳其	Turkey	731000	775000	789000	823000	798000
795	土库曼斯坦	Turkmenistan	22100	29200	35200	41000	47900
804	乌克兰	Ukraine	136000	163000	176000	183000	132000
807	马其顿	Montenegro	4140	4540	4090	4460	4590
818	埃及	Egypt,Arab Rep.	219000	236000	263000	272000	287000
860	乌兹别克斯坦	Uzbekistan	39300	45300	51200	56800	62600
887	也门	Yemen,Rep.	30900	31100	32100	36000	

数据来源：UN Comtrade Database。

附录 2 “一带一路”国家(地区)人均 GDP(2013 年)

单位:美元

国家代码	国家	国家(英文)	人均 GDP	国家代码	国家	国家(英文)	人均 GDP
4	阿富汗	Afghanistan	707.5983	440	立陶宛	Lithuania	15380.86
8	阿尔巴尼亚	Albania	4066.422	458	马来西亚	Malaysia	10513.65
31	阿塞拜疆	Azerbaijan	7814.018	462	马尔代夫	Maldives	8220
48	巴林	Bahrain	24694.85	496	蒙古	Mongolia	4056.398
50	孟加拉国	Bangladesh	980.2674	498	马其顿	Micronesia (Federated States of)	3215.869
51	亚美尼亚	Armenia	3504.446	512	黑山	Montenegro	7109.134
64	不丹	Bhutan	2362.582	499	摩尔多瓦	Republic of Moldova	2285.39
70	波黑	Bosnia and Herzegovina	4661.918	512	阿曼	Oman	21929.01
96	文莱	Brunei Darussalam	38563.26	524	尼泊尔	Nepal	653.9691
100	保加利亚	Bulgaria	7542.785	586	巴基斯坦	Pakistan	1237.596
104	缅甸	Myanmar	1183.48	608	菲律宾	Philippines	2765.086
112	白俄罗斯	Belarus	7663.993	616	波兰	Poland	13760.06
116	柬埔寨	Cambodia	1007.566	626	东帝汶	Timor-Leste	4361.572
144	斯里兰卡	Sri Lanka	3159.057	634	卡塔尔	Qatar	93352.02
156	中国	China(People's Republic of)	6626.317	642	罗马尼亚	Romania	8852.823
191	克罗地亚	Croatia	13490.17	643	俄罗斯	Russian Federation	14679.83
203	捷克共和国	Czech Republic	19509.64	682	沙特阿拉伯	Saudi Arabia	25961.81

续表

国家代码	国家	国家(英文)	人均 GDP	国家代码	国家	国家(英文)	人均 GDP
233	爱沙尼亚	Estonia	19328.21	688	塞尔维亚	Serbia	6313.14
268	格鲁吉亚	Georgia	3715.144	699	印度	India	1547.589
300	希腊	Greece	21767.66	702	新加坡	Singapore	54648.63
348	匈牙利	Hungary	13402.78	703	斯洛伐克	Slovakia	17928.2
360	印度尼西亚	Indonesia	3475.25	704	越南	Viet Nam	1867.61
364	伊朗	Iran(Islamic Republic of)	6362.834	705	斯洛文尼亚	Slovenia	23161.16
368	伊拉克	Iraq	5790.474	762	塔吉克斯坦	Tajikistan	1036.325
376	以色列	Israel	37703.53	764	泰国	Thailand	6270.173
398	哈萨克斯坦	Kazakhstan	13650.05	784	阿拉伯联合酋长国	United Arab Emirates	43048.85
400	约旦	Jordan	4618.467	792	土耳其	Turkey	10971.84
414	科威特	Kuwait	52197.55	795	土库曼斯坦	Turkmenistan	7986.699
417	吉尔吉斯斯坦	Kyrgyzstan	1302.613	804	乌克兰	Ukraine	4163.471
418	老挝	Lao People's Democratic Republic	1589.371	818	埃及	Egypt	3110.045
422	黎巴嫩	Lebanon	9792.793	860	乌兹别克斯坦	Uzbekistan	1977.246
428	拉脱维亚	Latvia	15063.96	887	也门	Yemen	1422.276

数据来源:UN Comtrade Database。

附录 3 “一带一路”国家(地区)人口数(2010—2014 年)

单位:千人

国家代码	国家(地区)	国家(地区)英文	2010 年	2011 年	2012 年	2013 年	2014 年
4	阿富汗	Afghanistan	27962	28809	29727	30683	31628
8	阿尔巴尼亚	Albania	2902	2886	2881	2883	2890
31	阿塞拜疆	Azerbaijan	9100	9228	9361	9497	9630
48	巴林	Bahrain	1261	1306	1334	1349	1362
50	孟加拉国	Bangladesh	151617	153406	155257	157157	159078
51	亚美尼亚	Armenia	2963	2968	2978	2992	3006
64	不丹	Bhutan	720	732	744	755	765
70	波黑	Bosnia and Herzegovina	3835	3832	3828	3824	3818
96	文莱	Brunei Darussalam	393	399	406	411	417
100	保加利亚	Bulgaria	7407	7355	7304	7253	7201
104	缅甸	Myanmar	51733	52125	52544	52984	53437
112	白俄罗斯	Belarus	9492	9488	9491	9497	9500
116	柬埔寨	Cambodia	14364	14593	14832	15079	15328
144	斯里兰卡	Sri Lanka	20201	20316	20422	20522	20619
156	中国	China	1340969	1348174	1355387	1362514	1369436
191	克罗地亚	Croatia	4316	4302	4287	4271	4256
203	捷克共和国	Czech Republic	10507	10534	10545	10545	10543

续表

国家代码	国家(地区)	国家(地区)英文	2010 年	2011 年	2012 年	2013 年	2014 年
233	爱沙尼亚	Estonia	1332	1328	1324	1320	1316
268	格鲁吉亚	Georgia	4250	4196	4139	4083	4035
300	希腊	Greece	11178	11153	11110	11055	11001
348	匈牙利	Hungary	10015	9989	9958	9925	9890
356	印度	India	1230985	1247446	1263590	1279499	1295292
360	印度尼西亚	Indonesia	241613	244808	248038	251268	254455
364	伊朗	Iran (Islamic Republic of)	74253	75184	76157	77152	78144
368	伊拉克	Iraq	30868	31868	32958	34107	35273
376	以色列	Israel	7420	7563	7695	7818	7939
398	哈萨克斯坦	Kazakhstan	16311	16554	16821	17100	17372
400	约旦	Jordan	6518	6760	6994	7215	7416
414	科威特	Kuwait	3059	3239	3420	3594	3753
417	吉尔吉斯斯坦	Kyrgyzstan	5465	5554	5648	5746	5844
418	老挝	Lao People's Democratic Republic	6261	6367	6473	6580	6689
422	黎巴嫩	Lebanon	4337	4592	4924	5287	5612
428	拉脱维亚	Latvia	2091	2064	2037	2012	1989
440	立陶宛	Lithuania	3123	3071	3016	2964	2917

续表

国家代码	国家(地区)	国家(地区)英文	2010年	2011年	2012年	2013年	2014年
458	马来西亚	Malaysia	28120	28573	29022	29465	29902
462	马尔代夫	Maldives	333	339	345	351	357
496	蒙古	Mongolia	2713	2759	2808	2859	2910
498	摩尔多瓦共和国	Republic of Moldova	4084	4078	4075	4074	4072
499	黑山	Montenegro	622	623	624	625	625
512	阿曼	Oman	2944	3210	3545	3907	4236
524	尼泊尔	Nepal	26876	27179	27501	27835	28175
586	巴基斯坦	Pakistan	170044	173670	177392	181193	185044
608	菲律宾	Philippines	93039	94501	96017	97572	99139
616	波兰	Poland	38575	38594	38609	38619	38620
626	东帝汶	Timor-Leste	1057	1078	1102	1129	1157
634	卡塔尔	Qatar	1766	1905	2016	2101	2172
642	罗马尼亚	Romania	20299	20112	19945	19794	19652
643	俄罗斯	Russian Federation	143158	143211	143288	143367	143429
682	沙特阿拉伯	Saudi Arabia	28091	28788	29496	30201	30887
688	塞尔维亚	Serbia	9059	9024	8983	8938	8893
702	新加坡	Singapore	5079	5191	5300	5405	5507

续表

国家代码	国家(地区)	国家(地区)英文	2010年	2011年	2012年	2013年	2014年
703	斯洛伐克	Slovakia	5407	5411	5415	5419	5423
704	越南	Viet Nam	88358	89322	90336	91379	92423
705	斯洛文尼亚	Slovenia	2052	2059	2063	2065	2066
760	叙利亚	Syrian Arab Republic	20721	20501	19979	19323	18772
762	塔吉克斯坦	Tajikistan	7582	7754	7931	8112	8296
764	泰国	Thailand	66692	66903	67164	67451	67726
784	阿拉伯联合酋长国	United Arab Emirates	8329	8735	8953	9040	9086
792	土耳其	Turkey	72310	73517	74849	76224	77524
795	土库曼斯坦	Turkmenistan	5042	5107	5173	5240	5307
804	乌克兰	Ukraine	45647	45478	45320	45165	45002
807	马其顿	TFYR Macedonia	2062	2066	2069	2073	2076
818	埃及	Egypt	82041	83788	85661	87614	89580
860	乌兹别克斯坦	Uzbekistan	27740	28158	28592	29033	29470
887	也门	Yemen	23592	24235	24883	25533	26184

数据来源:UN Comtrade Database。

附录4 中国到“一带一路”国家(地区)距离

单位:千米

国家代码	国家(地区)	国家(地区)英文	距离	国家代码	国家(地区)	国家(地区)英文	距离
4	阿富汗	Afghanistan	4180.438	440	立陶宛	Lithuania	6567.348
8	阿尔巴尼亚	Albania	7686.079	458	马来西亚	Malaysia	4355.047
31	阿塞拜疆	Azerbaijan	5520.214	462	马尔代夫	Maldives	5862.359
48	巴林	Bahrain	6184.87	496	蒙古	Mongolia	1172.047
50	孟加拉国	Bangladesh	3036.238	499	黑山	Montenegro	7419.217
51	亚美尼亚	Armenia	5947.15	512	阿曼	Oman	5658.039
64	不丹	Bhutan	2812.561	524	尼泊尔	Nepal	3160.925
70	波黑	Bosnia and Herzegovina	7615.699	586	巴基斯坦	Pakistan	3882.877
96	文莱	Brunei Darussalam	3896.4	608	菲律宾	Philippines	2850.319
100	保加利亚	Bulgaria	7364.447	616	波兰	Poland	6947.899
104	缅甸	Burma	3234.079	626	东帝汶	East Timor	5478.192
112	白俄罗斯	Belarus	6480.601	634	卡塔尔	Qatar	6164.891
116	柬埔寨	Cambodia	3351.089	642	罗马尼亚	Romania	7068.477
144	斯里兰卡	Sri Lanka	5171.491	643	俄罗斯	Russian Federation	5795.045
156	中国	China	1163.707	682	沙特阿拉伯	Saudi Arabia	6605.185
191	克罗地亚	Croatia	7648.763	688	塞尔维亚	Serbia	7419.217
203	捷克共和国	Czech Republic	7462.242	699	印度	India	3785.013

续表

国家代码	国家(地区)	国家(地区)英文	距离	国家代码	国家(地区)	国家(地区)英文	距离
233	爱沙尼亚	Estonia	6372.091	702	新加坡	Singapore	4484.657
268	格鲁吉亚	Georgia	5852.917	703	斯洛伐克	Slovakia	7422.387
300	希腊	Greece	7623.437	704	越南	Viet Nam	2330.799
348	匈牙利	Hungary	7347.376	705	斯洛文尼亚	Slovenia	7722.639
360	印度尼西亚	Indonesia	5220.879	762	塔吉克斯坦	Tajikistan	4052.918
364	伊朗	Iran	5609.038	764	泰国	Thailand	3303.891
368	伊拉克	Iraq	6298.444	784	阿拉伯联合酋长国	United Arab Emirates	5966.427
376	以色列	Israel	7146.982	792	土耳其	Turkey	7064.197
398	哈萨克斯坦	Kazakstan	3277.169	795	土库曼斯坦	Turkmenistan	4939.987
400	约旦	Jordan	7061.988	804	乌克兰	Ukraine	6460.799
414	科威特	Kuwait	6225.544	807	马其顿	Macedonia (the former Yugoslav Rep. of)	7531.092
417	吉尔吉斯斯坦	Kyrgyzstan	3471.802	818	埃及	Egypt	7551.418
418	老挝	Lao People's Democratic Republic	2778.652	860	乌兹别克斯坦	Uzbekistan	3943.621
422	黎巴嫩	Lebanon	6983.571	887	也门	Yemen	7417.418
428	拉脱维亚	Latvia	6523.571				

数据来源:CEPII Database。

附录 5　中国与"一带一路"国家(地区)双边贸易额(2010—2014 年)

单位:百万美元

国家代码	国家(地区)	国家(地区)	2010 年		2011 年		2012 年		2013 年		2014 年	
			进口	出口	进口	出口	进口	出口	进口	出口	进口	出口
4	阿富汗	Afghanistan	3.680419	200	4.403087	230	5.186565	464	9.595295	328	17.371806	394
8	阿尔巴尼亚	Albania	150	200	155	281	143	344	235	325	190	378
31	阿塞拜疆	Azerbaijan	87	800	326	880	348	1200	305	1240	184	1230
48	巴林	Bahrain	250	800	326	880	348	1200	305	1240	184	1230
50	孟加拉国	Bangladesh	270	7000	449	7810	480	7970	602	9710	761	11800
51	亚美尼亚	Armenia	47	100	34.631988	136	35.165810	113	73.138531	120	167	123
64	不丹	Bhutan	0.012767	2	0.075999	17.381997	0.012684	15.603631	0.008568	17.405171	0.104472	11.115484
70	波黑	Bosnia and Herzegovina	18	40	29.894728	41.434916	23.300875	46.711528	20.880328	91.328214	36.481215	284
96	文莱	Brunei Darussalam	660	400	567	744	373	1250	89.803505	1700	190	1750
100	保加利亚	Bulgaria	320	700	460	1010	840	1050	957	1120	984	1180
104	缅甸	Myanmar	970	3000	1680	4820	1300	5670	2860	7340	15600	9370
112	白俄罗斯	Belarus	480	800	599	705	663	920	581	872	738	1110
116	柬埔寨	Cambodia	94	1000	184	2310	215	2710	364	3410	482	3280
144	斯里兰卡	Sri Lanka	100	2000	153	2990	162	3000	183	3440	248	3790
156	中国	China	110000	100000	123000	123000	143000	143000	158000	158000	145000	145000

续表

国家代码	国家(地区)	国家(地区)	2010 年		2011 年		2012 年		2013 年		2014 年	
			进口	出口	进口	出口	进口	出口	进口	出口	进口	出口
191	克罗地亚	Croatia	51	1000	79.531	1540	74.514004	1300	104	1390	101	1030
203	捷克共和国	Czech Republic	1700	7000	2320	7670	2410	6320	2610	6840	2990	7990
233	爱沙尼亚	Estonia	180	700	205	1130	136	1230	200	1110	225	1150
268	格鲁吉亚	Georgia	42	300	38.105242	761	33.582229	740	54.455596	862	53.071973	909
300	希腊	Greece	390	4000	354	3950	427	3590	433	3220	345	4190
348	匈牙利	Hungary	2200	7000	2450	6810	2320	5740	2720	5690	3260	5760
360	印度尼西亚	Indonesia	21000	20000	31300	29200	31900	34300	31400	36900	24500	39100
364	伊朗	Iran (Islamic Republic of)	18000	10000	30300	14800	24900	11600	25400	14000	27500	24300
368	伊拉克	Iraq	6300	4000	10400	3820	12700	4910	18000	6890	20800	7740
376	以色列	Israel	2600	5000	3040	6740	2920	6990	3180	7650	3140	7740
398	哈萨克斯坦	Kazakhstan	11000	9000	15300	9570	14700	11000	16100	12500	9740	12700
400	约旦	Jordan	160	2000	257	2510	297	2960	170	3430	263	3360
414	科威特	Kuwait	6700	2000	9180	2130	10500	2090	9590	2680	10000	3430
417	吉尔吉斯斯坦	Kyrgyzstan	72	4000	98.121281	4880	89.020942	5070	62.350108	5080	55.347918	5240
418	老挝	Lao People's Democratic Republic	600	500	828	476	788	937	1010	1720	1770	1840

续表

国家代码	国家(地区)	国家(地区)	2010年		2011年		2012年		2013年		2014年	
			进口	出口	进口	出口	进口	出口	进口	出口	进口	出口
422	黎巴嫩	Lebanon	27	1000	25.949541	1460	20.326571	1690	45.579124	2490	25.387258	2610
428	拉脱维亚	Latvia	39	800	63.436323	1190	68.827118	1310	99.157559	1370	147	1320
440	立陶宛	Lithuania	42	1000	87.606619	1340	89.497283	1630	125	1690	157	1660
458	马来西亚	Malaysia	50000	20000	62100	27900	58300	36500	60200	45900	55700	46400
462	马尔代夫	Maldives	0.048351	60	0.135718	97.122449	0.185751	76.487693	0.417925	97.414297	0.379890	104
496	蒙古	Mongolia	2500	1000	3700	2730	3940	2650	3510	2450	5100	2220
498	摩尔多瓦共和国	Republic of Moldova	6.711692	80	12.828838	97.490563	18.625264	124	18.585927	113	24.027987	115
499	黑山	Montenegro	3.063845	70	12.055617	89.981869	21.458127	146	16.142805	86.383454	53.560445	157
512	阿曼	Oman	9800	900	14900	998	17000	1810	21000	1900	23800	2070
524	尼泊尔	Nepal	11	700	13.864962	1180	29.519666	1970	43.249899	2210	47.066987	2280
586	巴基斯坦	Pakistan	1700	7000	2120	8440	3140	9280	3200	11000	2760	13200
608	菲律宾	Philippines	16000	10000	18000	14300	19600	16700	18200	19900	21000	23500
616	波兰	Poland	1700	9000	2050	10900	2000	12400	2230	12600	2930	14300
626	东帝汶	Timor-Leste	0.250487	40	1.742791	70.432762	0.688156	62.473520	0.397037	47.386367	0.099850	60.341649
634	卡塔尔	Qatar	2500	900	4690	1200	7280	1210	8460	1710	8340	2250
642	罗马尼亚	Romania	760	3000	947	3450	980	2800	1210	2820	1520	3220

续表

国家代码	国家(地区)	国家(地区)	2010年		2011年		2012年		2013年		2014年	
			进口	出口	进口	出口	进口	出口	进口	出口	进口	出口
643	俄罗斯	Russian Federation	26000	30000	40400	38900	44100	44100	39700	49600	41600	53700
682	沙特阿拉伯	Saudi Arabia	33000	10000	49500	14800	54900	18500	53500	18700	48500	20600
688	塞尔维亚	Serbia	55	300	77.891459	396	102	413	180	432	63.216806	425
699	印度	India	23000	50000	23400	50500	18800	47700	17000	48400	16400	54200
702	新加坡	Singapore	25000	30000	28100	35600	28500	40800	30100	45800	30800	48900
703	斯洛伐克	Slovakia	1800	2000	3460	2510	3660	2420	3460	3080	3380	2830
704	越南	Viet Nam	7000	20000	11100	29100	16200	34200	16900	48600	19900	63700
705	斯洛文尼亚	Slovenia	180	1000	202	1680	256	1570	303	1830	331	1990
760	叙利亚	Syrian Arab Republic	40	2000	26.155456	2420	10.914974	1190	4.704570	690	2.128029	984
762	塔吉克斯坦	Tajikistan	56	1000	72.227602	2000	109	1750	88.751269	1870	47.698839	2470
764	泰国	Thailand	33000	20000	39000	25700	38600	31200	38500	32700	38300	34300
784	阿拉伯联合酋长国	United Arab Emirates	4500	20000	8310	26800	10900	29600	12800	33400	15800	39000
792	土耳其	Turkey	3200	10000	3120	15600	3510	15600	4490	17700	3700	19300
795	土库曼斯坦	Turkmenistan	1000	500	4690	784	8670	1700	8890	1140	9520	954
804	乌克兰	Ukraine	2200	6000	3260	7150	3030	7320	3270	7850	3480	5110

续表

国家代码	国家(地区)	国家(地区)	2010年		2011年		2012年		2013年		2014年	
			进口	出口	进口	出口	进口	出口	进口	出口	进口	出口
807	马其顿	TFYR Macedonia	92	50	154	91.810658	140	88.749833	108	63.476178	90.860172	76.663641
818	埃及	Egypt	920	6000	1520	7280	1320	8220	1850	8360	1160	10500
860	乌兹别克斯坦	Uzbekistan	1300	1000	807	1360	1090	1780	1940	2610	1600	2680
887	也门	Yemen	2800	1000	3140	1100	3600	1960	3060	2140	2930	2200

数据来源:UN Comtrade Database。

索　　引

后　　记

国际贸易中心城市既是全球经济一体化的结果，也是全球经济一体化的助推器。因此，国际贸易中心城市的相关研究一直是学术界研究的热点，打造国际贸易中心也成为许多城市规划建设和发展的重要目标。国际贸易中心城市的形成离不开特定的历史和区位条件，离不开政府推动的贸易投资便利化、自由市场的建设等制度安排。

得益于改革开放的历史机遇及自身良好的区位条件，宁波的国际贸易发展水平近年来快速提高，但与全球性的国际贸易中心城市仍存在明显差距。面对国家实施“一带一路”战略的重大历史机遇，找准定位、发挥优势，并做出适当的制度安排，对于宁波城市发展乃至国家“一带一路”战略意图的实现都具有重要意义。

宁波海上丝绸之路研究院自 2015 年成立以来受到了宁波市政府及有关部门的高度重视和关注，因此契机，我接触到了大量宁波市外贸发展数据，并了解了部分行政工作人员的观点。作为研究院的一员，有责任也有义务从学术角度，厘清发展思路，发表自己的观点和看法，以供参考。

王敏杰

2016 年春